美麗啟程
追尋生命中

的絕美

Beautiful

從形美到心美，再到情感與信仰，追尋必尋見！

只要願意努力，美麗就在前方等著你

崔愛麗 著

始於美麗、久於智慧、終於簡單，

從外在風采到內在境界，每個人都有資格成為想成為的自己

目錄

前言

始於美麗
—— 追尋必尋見，美麗永遠等在前方

第一章
形美 —— 一顰一笑皆有風韻，舉手投足都是意境 ……………008

第二章
心美 —— 心若美如幽蘭，身邊的風都帶香氣 ……………030

第三章
行美 —— 到位的節奏感，極富美感的行動藝術 ……………052

久於智慧
—— 生命一大樂事，找到自己與智慧的焦點

第四章
定位 —— 拋開世間好與壞，我們先來談談自己 ……………076

第五章
個性 —— 打造最有面子的品牌效應 ……………096

第六章
情感 —— 做情感的貴族，這輩子就什麼都不缺 ……………117

目錄

終於簡單
── 心如明月境如水，簡簡單單好好活

第七章
信仰 ── 修心自度，前有陰影後有太陽 ……………………… 138

第八章
取捨 ── 放不下慾念，人遲早是要累的 ……………………… 161

第九章
歸零 ── 轉了一圈，還是要回歸起點 ……………………… 183

前言

　　人生是一個尋求必尋見的過程，每一段的經歷都是上天給我們最好的禮物。古人說：「隨性而存，知命無憂」，人生就是這個道理。

　　隨緣並不代表著安於命運，生命的力量就是這麼神奇，聚焦我們想要的會得到，聚焦我們不想要的，也會得到。人這一輩子有多少無常就有多少修行，這個世界到底是什麼樣子與世界無關，與我們把它製造成什麼樣子有關。人生最美好的境界，莫過於用美麗安頓心靈，心純淨了，世界就會跟著亮麗起來。

　　這些年一直有寫日記的習慣，看著這些日記本，都是夜深人靜時，享受獨立思考的空間傑作。越是領悟人生，越是會深深地感到，在生命短暫的歷程中，我們空手而來，終將也會空手而去。唯一能留在這世上不遺憾的，也只有走在這路上，相互行善，溫暖更多的人。

　　曾經有人問我：「愛麗姐，怎麼實現夢想？」我想了想告訴她：「理想是闖出來的，結果是做出來的，想成功只有四個字：『堅持到底』。」人生是由一件一件事情組成的，做事情不能像跑車的外表，華麗而張揚，關鍵是要有它內在強烈的驅動力，若想在短暫的生命歷程中成就點什麼，就必須在不斷成長的過程中學會重塑自我。

　　去年的紀錄就是明年的起點，人生最傲人的成績不僅僅是讓長者因為我們而驕傲，讓更多年輕人的人生因為我們而輝煌，最關鍵的一點還是要做到讓自己滿意。高調做事，低調做人是一個必備的人生準則，與人溝通最重要的就是將彼此定位在雙贏的基礎上，始終保持率真的品格和善良的包容。一件事既然要做，就要做到最好，它是我們生命中的傑作，所以一定要力求完美。

前言

　　回望人生幾十年的歷程，每當我看到更多的人流露幸福與喜悅，內心就無比的踏實與歡喜。

　　這本書記錄了很多我人生的印記，也記錄了無數個沉靜深夜自己與心靈深刻的交流。當人生百味融入生活，浮華漸漸淡去，真實的自我就開始說話，隨著筆墨在本子上流淌出富有生命的句子，我的嘴角就泛起了安詳喜樂的笑容。不知就在此刻，就在你翻開這本書的瞬間，你是否也能享受到我渴望分享給你的那份真心呢？

　　人生的過程：始於美麗，久於智慧，終於簡單。願我們能以文字、思想為媒介，將能量彼此連線，從此以後，好好愛自己，靜靜地、快樂而幸福地用美麗安定心靈。

始於美麗

—— 追尋必尋見，美麗永遠等在前方

　　人生是一個尋求必尋見的過程，每個人都有資格成為自己想成為的樣子，追逐美的方向，一路皆有花香，這世間沒有什麼不配得到，只有不自信的輕言放棄，全方位地感知自己、完善自己，只要你願意努力，美麗永遠就在前方等著你。

第一章
形美 —— 一顰一笑皆有風韻，舉手投足都是意境

在美業駐足了那麼久，我知道美麗的能量是不言而喻的。完美的姿態與妝容，一出場就擁有震撼全場的力量。真正會美的女子，都是這世間一道最美的風景，她們一顰一笑皆有韻味，舉手投足融入優雅，這並不完全取決於上天的恩賜，更多的還是源自自己後天的不斷努力。認真地完善好生命的每一個細節，發現自己最吸引人的優越之處，你的意境也將與眾不同。

姿態：行動坐臥，做不好你就是富而不貴

一個精緻的女人絕對配得上精緻的人生，行動坐臥，每一個細節都彰顯著非凡風度和氣質，在言辭與行動間，蘊含著的是一個自律而高貴的靈魂，真正的富貴莫過於此，走高貴的路，過有品味的美麗人生。

（1）搞不定細節，就別跟我談精緻

常常聽人說精緻的女人一定要有精緻的生活，而這種生活更多意義上源自於她們對自身細節的嚴格要求。當一個女人風姿優雅的站在你的面前，你是很難想像在這華麗外表之後，她經歷的是怎樣專注而認真的蛻變過程。天姿固然可貴，但更可貴的在於後天的努力。這個世界並不缺美女，缺少的是美女內心的那份自律和高貴，一切在於歷練；一切在於要求；一切在於不斷的完善和升級，讓自己的每個細節做到無可挑剔並不是件容易的事，但假如你可以堅持下去，每一天完善一點點，那麼一年下來，也必將是成績斐然。

　　回想起來，從事美業已經十幾個年頭了，我經歷了很多女人從醜小鴨到白天鵝的蛻變，如今新興的技術，為很多愛美的女性帶來新的希望，同時也賦予了她們更尖銳的挑戰。要知道，美麗的外表配上精緻的內心才能真正實現協調，如果只在乎外表，而不追求內在的完善，那麼所付出的再多，也要通通歸零。

　　曾經有個女孩問我：「愛麗姐，你說什麼狀態的女人最美？」看著她稚嫩的雙眼，我微笑著告訴她：「美而精緻，貴在細節。」「那我應該怎樣實現這個目標呢？」女孩又問。我拍拍她的肩膀說：「認真美化生命中的每一個細節，是愛自己的最佳方式，它會讓你知道自己想要什麼；它也會讓你明白如何最大化地運用自己的美；它會讓你更專注於內在的那顆心，它不至於讓你迷茫，因為你已經知道如何秀出自己的強大。」美是女人的風度，細節蘊含著女人的尊嚴，努力維繫好這份上天恩賜給自己的福祉，最終才能找到真正屬於自己的幸福。假如你對這一切有所錯失，也並不在意，那麼即便外表再光鮮也是華而不實，美而不貴。

　　記得有一次，公司招募員工，經過篩選，HR 給了我 20 個應徵者的名單，為了能深入的了解情況，我便親自面試他們。當幾個應徵者並排坐好，我便開始針對他們其間的每一個細節進行評估，結果不到三分鐘就PASS 了好幾個。我真的難以想像，「應徵」這樣隆重而特殊的場合，有人在穿著和禮儀方面卻沒有絲毫準備。不可否認，此時正值夏季，天氣確實很熱，但至少自己也要做到妝容得體，這是對對方最基本的尊重，可有些人卻穿著吊帶裝、沙灘鞋，給我的感覺不是來面試，而是要到海邊的沙灘上度假，讓人看了心裡已經開始搖頭，這樣的人不管交給他什麼樣的工作，我都是不放心的。

　　接下來，我又繼續與剩下的幾位應徵者互動，結果發現本來前面一直

表現很好的他們，放鬆下來以後，體態細節上就一個個原形畢露了，有的開始駝背，有的翹起了二郎腿，有的開始隨意看手機、摳手指頭，一個個顯露出漫不經心的狀態，而這個時候的我也已經心裡有數，心中有個聲音一直在對自己說：「他們都不行，一個對自己沒有要求的人，到了職位上一定會消極怠工的。」

最終選來選去，我只看中了一個女孩，只見她自始至終身姿挺拔，端莊秀麗，一直保持著謙和的微笑，溝通中也是溫和懂禮，讓人一見就很想親近，於是我轉過頭告訴 HR：「就錄取她一個吧。」HR 聽到非常驚訝，對我說：「崔院長，其實在前期的筆試中，這個女孩的成績並不是最出色的，您怎麼一眼就看中了她呢？」

「因為對我而言，知識與能力是可以透過公司後期培養的，但做人首先要看他的內在素養，而細節是最可以展現一個人修養德行的，我看了一輪，只有這個女孩自始至終能做到行為得體，言談優雅，這一點很重要，說明她對自己的要求很高，是一個認真的女孩，這樣的人是有可塑性的，所以我願意給她一次機會。」幾年後，不出我所料，這個女孩在企業中發展得非常好，在極短的時間內就獲得了傲人的成績，成為了店中的重要員工，獲得了客戶與團隊的認同。

曾經看了這樣一則報導，一位媒體人與演員胡歌一起吃飯，對方在整個過程中都彬彬有禮，顯得異常專注，用心與對方互動，從來沒有動一下手機。這個簡單的細節，就讓與他吃飯的朋友獲得了極大的尊重感。真正有教養的人，必然會努力完善好身上的每一個細節，讓自己在言談舉止之間都能展現出高貴的德行，謙和的優雅。他們會讓你覺得和他們在一起很舒服，也會讓你瞬間對他們升起一種值得信賴的好感，他們身上自帶的光環會讓你覺得，不管什麼事情只要交給他一定是絕對放心的，這才是真的

美麗，這才是真的富足，它會幫助你維繫好自己的社交關係，同時也能帶你找到更美好的未來。

人生在世有八萬六千種活法，如果每個人的活法都是自己選擇的，那為什麼不讓自己活得更精緻、更高貴呢？比起那些素面朝天的女孩，那些出門為自己畫上精緻淡妝的女孩就是更吸引眼球的，比起時不時就坐姿頹廢，動不動就翹起二郎腿的女孩來說，那些身姿挺拔，坐立優雅的女孩是更值得信賴的；比起那些動不動就說粗話的女孩而言，言辭禮貌，引經據典的女孩是更有內涵的。我們每個人都是自己人生的總設計師，假如你對自己要求夠嚴格，就不應該讓自己在細節上出現差錯。一個人真想做到無可挑剔，需要的就是那份對自己嚴於律己的要求，每個人都可以在蛻變中破繭成蝶，關鍵就在於你願不願意為那個更美好的自己投入更多的精力。

所以從今天開始，做個自律的人吧，好好的改造他，對他負起百分之百的責任。因為那是你自己，你有權利讓自己更加優秀，更加富足。

（2）親愛的，你的自信去哪裡了

記得一個女孩剛來店裡工作的時候，總是默默無語，不願與別人交流，看著她靦腆老實的樣子，我問她為什麼不願意和大家一起行動，她想了想，用極小的聲音對我說：「崔院長，我覺得大家業績都很好，但我還是一株小小草，我覺得我不夠優秀，無法獲得大家的認可和重視，所以心裡一直很自卑，覺得自己什麼也比不上大家，所以就一點一點的把自己邊緣化。老實說，我其實始終質疑自己的能力，儘管我每天工作都非常認真，但是，我還是覺得自己沒有同事做得好。」

聽了她的話，我搖搖頭說：「孩子，你不可以總是這樣低估自己。每個人都有屬於自己的優越之處，你要努力在自身成長的細節中吸取能量，

讓自己長期身處在成功者的喜悅當中，這樣才更容易實現自己的理想。這個世界不會憐憫弱者的，所以你要讓你的內心強大起來，帶著喜悅和自信去看待這個世界，去擁抱自己的每一天。我希望從此以後，你不再是那個自卑而羞澀的女孩，你要由內而外的改變自己，讓自己長期處於成功者的狀態，這樣時間長了，想不成功都難了呢！」

常常有人問我：「愛麗姐，成功是從哪裡而來的呢？」我的回答是：「成功，來自於一份堅定，來自於我們對自己的內在修練。」閉上眼睛想像一下自己未來的樣子吧！你是希望明天的你陽光燦爛、身材秀美、妝容精緻，還是想繼續做那個衣著隨意、行為懶散，頹廢而提不起精神的自己呢？走向成功美好的第一步，就是將自己的每一個細節不斷修練成成功者的樣子，讓自己的內心充滿成功者的自信和能量，不斷的告訴自己：「我一定可以。」

走過了這麼多年的人生之路，讓我意識到，人不管在什麼時候，都不能失去自己對自己的那份樂觀和自信，這個世界沒有什麼不可以透過努力得到，但我們首先要做的就是秉持一定可以得到的信念。這時有些朋友一定會說：「愛麗，你又在向我們灌雞湯了，你知道我每個月收入才多少嗎？你知道要把自己打扮成一個精緻美女得花費多少時間和精力嗎？美女OL 的生活不是誰想過就能過的啊！」每次聽到這樣悲觀的感慨，我的內心都會為他們而惋惜，因為在我看來，他們實在是太低估美麗和自信的價值了，真正的美並不是僅僅存在於高級的奢侈品中，它與金錢無關，卻與你追求理想的信心有關。

記得小時候，家裡經歷了一場磨難，賺的錢連還債都不夠，就別提買新衣服了，那時候小小的我，穿的全部都是姐姐的舊衣服，儘管這些舊衣服穿在身上並不合身，但愛美的我卻從來沒有放棄那份對美的追求。我努

力學習修改衣服，把褲子對準褲線，整整齊齊地壓在床底下，為的就是第二天能夠穿起來更像樣。那時候我就告訴自己：「愛麗，你這麼愛漂亮，人生不會永遠這樣的，總有一天你會擁有很多很多的漂亮衣服，你會成為一個美麗而精緻的女人。」

就這樣，童年的悲慘並沒有打垮我嚮往成功的鬥志，樂觀的我始終活在成功的美好願景裡，並向著自己的目標不斷努力。如今，曾經美好的期待正在一個個兌現，我終於可以秀出自己的美麗，真的擁有了很多很多漂亮的衣服，就算每天換一身，樣式也絕對沒有重複。而我對這天的到來從沒感到意外，因為我始終堅信，它遲早會到來，我會用我的雙手創造一切，不過只是時間問題而已。

假如世間真的有美神，那麼她對於每一個女人來說都是平等的。這個世界上沒有醜女人，只有懶女人，有錢的時候，我們可以努力完善妝容；沒錢的時候，我們可以認真調整細節。對於美而言，每個女人都有做不完的事情，每一個人都可以讓自己變得更出眾、更優雅，這種由內而外散發出來的美好感覺猶如杯中的香茶，越品嚐越有味道，而對於自己內心的那份自信就是這茶中最美的佐料。

曾經在一本書上，讀到了一篇關於世間最後一個名媛的文章，內文是這樣寫的：

她出身名門，接受了良好的教育，行為優雅，秉性溫和，眉目俊秀，知書達理。她曾經擁有無數追求者，卻從不輕浮，永遠都知道自己想要什麼。時光的洗禮，讓曾經擁有的化為了烏有，讓曾經清秀的臉龐，爬上了歲月的痕跡。富足成為了曾經，貧困卻沒有壓倒她清瘦的身軀，儘管如此，她每天依然會用梳子梳理好每一根髮絲，依然會讓自己穿得乾乾淨淨，依然會在屋子裡種上心愛的蘭花，平靜的小屋裡時不時會傳來悠揚的舞曲。她有時會坐

在屋外，抱著清茶，捧著書卷感受陽光的滋潤，欣賞著樹邊鳥兒的歡歌，此生安住得一切美好、一切清新、一切安逸、一切幸福……

每每讀到這裡，心中就會勾勒出一幅恬靜淡然的美麗圖畫，其實在我們每個人心裡都有著一份柔美而富有韌性的名媛氣質，精緻而不做作，自信而不張揚，莊重而不輕浮，隨和而不任性。也正是因為自己渴望幫助更多女人實現變漂亮的願望。我將自己的企業取名為「名媛」，我將這份對美的追求，變成了自己持之以恆去努力的事業，也希望這份事業能夠幫助更多的女人找回最美好的自己。

世間的一切美好都是在細節中呈現的，每一個細節都是一個點，把它們一個個穿起來就是充滿無數幸福故事的曼妙人生。一個愛自己的人，一定會在生命的白紙上自信地寫下對明天的期待，因為他知道，自己一定會越來越好，一定留給這個世間最動人的詩行。

秀出自己生命的傳奇吧！完美的人生就在不遠處向你招手。

妝容：秀美妝容，一見清新才能一見傾心

清晨起來，拉開窗簾，讓柔美的陽光伴著新鮮的空氣照進窗子，外面的世界一片鳥語花香，讓經歷了一夜休息的身心充滿歡唱。化上美麗的妝容，讓智慧與能量在喜悅的心情下不斷昇華，眼睛開始明亮，內心滿是憧憬，希望一切美好都能如約而至，秀出最有魅力的自己，一見清新方能一見傾心。

（1）不一樣的你，是世間最美的風景

有些時候覺得這個世界真的很奇妙，上帝就像一個童心未泯的孩子，祂獨自在世間玩樂，扮演著各式各樣的角色，而祂所造就的人，也同樣領受了他恩賜的福祉，開始在有限的生命中不斷的蛻變，他們古靈精怪，他

們百變成鋼，他們渴望活出獨一無二的自己，他們把自己看成了這個世間一條最美的風景線。

不可否認，每個人來到這個世界上都是領受了天命的，他們努力地嘗試各種變化，尋找著適合自己的位置，同時也渴望擁有精彩的人生。他們不希望自己的生命是一成不變、死氣沉沉的，他們總希望能夠玩出一些新的花樣。而其中表現最為突出的就是女人。

女人是感性的，她們渴望讓自己的樣子更美好，但又不願意將自己限制在一個模樣上，所以我們會發現，在女人的衣櫃裡永遠都少一件衣服，在愛美女人的世界裡，最一成不變的事情就是永遠都在改變。她們努力顛覆自己的造型，不斷地在美麗中尋求突破，同時也因為這份追求點亮了自己的美好人生。

在我看來，一個女人一成不變是很可怕的，一個不在意自己的女人，又有誰會在意你的感受？一個衣著隨意的女孩，站在一個妝容精緻的女孩身邊是沒有任何可比性的。想活出屬於自己的個性，首先要做的就是讓自己在百變的過程中找到屬於自己的最佳角度，只有這樣才更容易找到自己的位置，才更容易贏得別人的尊重、重視和認可。

我有一個朋友小斤，剛見到她的時候，感覺她是一個很不注重穿著的女孩，開花店的她每天身上穿的就是一身迷彩，即便是偶爾換個風格，也不過是一條寬褲外加一件普普通通的 T 恤。於是，我問她年紀輕輕為什麼不多注重一下自己的形象？哪怕買上兩件漂亮衣服也是好的。而她每次都是靦腆的笑笑，抓抓後腦勺說：「哎，我這工作實在是太忙了，每天不到四、五點就出門去花卉批發市場，時間總是很緊迫，哪有時間打扮啊！更何況從批發市場回來，身上都是土，那漂亮衣服弄髒了多可惜啊！」聽了這話，我搖搖頭說：「你還沒有嘗過美麗起來的感覺，我敢保證只要一個

女人真正漂亮過，她就再也不會放下讓自己變美的權利，我來讓你過過明星癮吧！」

2015 年，「名媛」迎來了一年一度的明星高峰會，我特地邀請了小丘，並為她訂購了一套精美的禮服，讓當天最專業的明星化妝師為她造型。當妝容精緻的小丘，穿著絢麗的禮服走上華美的紅地毯，她儼然被自己的美麗嚇到了。此時的她，熱淚盈眶，與我緊緊相擁，感激的對我說：「謝謝你，愛麗姐，如果不是你，我永遠不知道自己可以這麼漂亮。」

從那以後，小丘的生活徹底改變了，她成為一個愛美的女人，生意也做得很好，如今她已經是兩個孩子的媽媽，卻依舊火辣身材，青春容貌，她不斷地嘗試各種風格的自我搭配，就連生意的夥伴和她店裡的員工都說她就像女神一樣。她每次見到我都會說：「愛麗姐，我現在活得真的很有成就感，美麗不但改變了我的外表，還幫助我維繫好了自己的家庭幸福，這種幸福感我真不知該怎麼形容了。」我聽了笑笑說：「現在知道了吧！漂亮的女人天生自帶光環，它能讓你活得更有自信，也能為你打造更精彩的人生。」

女人追求百變沒有錯，怕的就是永遠在那裡死氣沉沉的一成不變。這個世界需要女人們用感性去提亮新鮮感，假如世間失去了女人這道風景線，整個世界都會跟著黯然失色。上帝創造女人的目的就是要讓她如花一般綻放，抓住自身愛美的天性，將自己打理成最滿意的樣子。所以，努力去提升自己的個人韻味吧！相信不一樣的你，是世間最美的風景。

（2）你不愛美，他怎麼愛你

記得曾經一個朋友說過：「女人不但要長得漂亮，還要活得漂亮，一個捨不得對自己投資的女人，是最愚蠢的，因為她永遠找不到幸福的真諦。」每當想到她說的話，內心就會深有同感。作為一個女人，結婚前漂

不漂亮在於父母，而結婚後漂不漂亮可就完全取決於自己了。許多女人任勞任怨，覺得一切都應該以家庭為先，孩子是自己生命的延續，丈夫是自己一生的依靠，所以自己應該把更多的精力投身於家庭，這本沒什麼錯，但這並不意味著我們要喪失自我。

如果可以，就讓我們回想那段戀愛的時光吧！都說戀愛中的女人是最美的，這時的她們皮膚白皙，熱衷於妝容，也就更容易贏得男朋友的愛。然而結婚以後，女孩就變成了女人，更可悲的是變成了對自己不再投入的女人，她們每天操勞，捨不得為自己買一件衣服，也捨不得為自己買上一支高級口紅，穿著變得越來越隨意，臉色也在忙碌中變得越來越憔悴，儘管自己像老牛一樣盡心盡力，最終還是有人維繫不好自己最珍惜的家庭關係。丈夫因為她青春不再而感情淡漠，孩子因為覺得媽媽只知道圍著廚房團團轉而漸漸與之疏遠，這讓很多女性陷入了深深的苦惱和困惑，不知道自己究竟錯在了哪裡。

我有一個顧客櫻子，她是一個自閉症孩子的媽媽，為了專心照顧孩子，她放棄了工作，放棄了自己所有的追求和夢想，在陪伴孩子十三年的過程中，自己省吃儉用，素面朝天，曾經美麗的花容月貌，在歲月的洗禮下開始蒼老。而在三年前，那個曾經信誓旦旦地說，不管出現什麼事，都不會離開她和孩子的丈夫向她提出了離婚。雖然離開時，對方給了一筆孩子的撫養費，但她知道這點錢根本無法支撐孩子的未來。

於是櫻子開始拚命地找工作賺錢，從專職家庭主婦到順利地適應工作，薪資從三萬多到六萬多，再到自己學著做生意，人開始變得更加獨立、堅強。本以為自己一路打拚過來，有了經濟實力，可以再向前邁一步，找一個可以牽手一生的伴侶，但一件事讓她徹底顛覆了自己以前的想法。

有次櫻子的閨密幫櫻子介紹了一個男朋友，對方瀟灑穩重，儀表堂

堂，櫻子本來覺得和這位男士互動得很好，可沒想到事後卻沒有進一步的發展，問及原因，對方的回應是：「我覺得這位女士看起來很沉悶，不夠陽光，一張苦瓜臉，而且這麼重要的約會場合，一個女人竟然頂著素顏的就來了，顯然不是一個有生活情趣的人。和這樣的人在一起過日子，再美好的幸福規劃，也會變得很辛苦的。」

聽了對方的回饋，櫻子十分震撼，她拿起鏡子認真端詳自己，看到的是一張憔悴而清瘦的臉，回想當年，櫻子可是學校裡公認的校花女神，而現在自己不知道怎麼變成了這副樣子。本以為自己努力做好事業就能擁有愛情的她，開始意識到，擁有美麗的顏值對於一個女人來說有多重要。

於是櫻子來到「名媛」找到了我，在聽完她的故事以後，我認真地為她做了完整的規劃和形象設計，並不斷地鼓勵她一定要對自己有信心。就這樣，櫻子臉上的皺紋和凹陷被我們用技術處理掉了，黑眼圈和深深的眼袋也被徹底消除了，整個皮膚變得細膩光潔，宛如年輕了十多歲。之後我又為櫻子精心挑選了三位非常有經驗的形象造型師，為櫻子量身打造適合自己的造型，而當她重新再站在鏡子面前的時候，狀態已經和先前判若兩人，她驚喜的說：「那簡直是一場脫胎換骨的蛻變。」

從此煥然一新的櫻子成為了朋友中的時尚達人，整個人變得美麗而有朝氣，在一次去接孩子的時候，她與前夫不期而遇，對方看到櫻子有了如此大的變化，內心再次對她萌生愛慕，他含蓄地對櫻子說：「櫻子，你現在越來越漂亮了，比以前我剛認識你的時候還好看。」而此時的櫻子嫣然一笑，內心變得更加平和淡定，她終於活出了自己滿意的樣子，也越來越清楚什麼是自己真正想要的了。

常言說得好：「女人如花。」而花一生都是綻放的，假如自己放下了美麗綻放的權利，必然會在人生的旅程中錯過很多風景，失去本應屬於自

己的幸福感。愛美的女人是最知道生命價值的，因為她們從未對自己迷茫，知道自己下一步路應該踏向何方。她們像愛自己一樣熱愛生活，生活也必然會給予她們幸福的回饋。美是一種力量，美是一種自信，所以不管什麼時候，女人都絕對不能錯失了愛美的權利，我們要永恆的和最美好的自己在一起，微笑著面對挑戰，憧憬著並不遙遠的未來。

言談：秀口言開，人漂亮言辭更漂亮

人不單妝容要漂亮，談吐也一定要漂亮，這個世界上能夠把事做漂亮是本事，能把話說得漂亮是藝術。這本應是每一個優秀女子應該具備的能力。玉口一開，不到三句方知談吐不俗，隨著交流的深入，越說越是妙語連珠，讓人越聽越是不願打斷，這將是怎樣完美的交流境界？美是女人一生不懈的追求，而語言的美感是女人生命中不能缺少的一部分。做最漂亮女人，說最漂亮的話。交流剛剛開始，你就能夠贏得對方八成的好感了。

（1）悅色溝通，先幫對方找回自己

曾經有個女孩羞澀地跟我說：「愛麗姐，我不知道為什麼特別害怕與別人交流，尤其是跟氣場強大的人交流，感覺心裡很有壓力，還沒說兩句話臉已經紅了，我知道這不是什麼好習慣，但到了關鍵時刻就是控制不住自己。」我聽了以後，鼓勵她說：「那也要多接觸人啊，你知道嗎？其實世間的大多數人都是善意的，越是氣場強大的人，為人越是謙和，跟他們一起交流，你一定不會覺得沉悶，也不會覺得太累，相反他們會維繫好完美的交流氛圍，消解你的緊張，讓你分分秒秒都能受益，整個過程都無比快樂歡喜。」

記得有個朋友說過這樣的話：「溝通是一件很玄妙的事，兩個人在一

起，最重要的是一種磁場的互動，有些人見一面就不想再見了，有些人你卻能跟他做到久處不累，越是交流越是開心，越是交流越是有新的收穫。所以溝通這件事，一定得找對人。和會說話的人聊天，你甚至可以忘記時間的存在。」由此可見，在這個交流至上的社會，善於溝通的人是多麼占優勢啊！

在我看來，溝通是一種靈魂與靈魂之間的交流，而感性的女人是最富有這方面的潛質的，她們可以透過自己的敏銳洞察力，快速找到彼此最感興趣的話題，她們可以在幾句話間完成從介紹自己到拉近關係的全部過程，她們甚至可以在經歷簡單的交流後明白對方想達成的共識，知道他們需要得到怎樣的幫助。假如這個時候再配上她們天性的率真，言辭的優雅和難得的幽默感，那整個交流的主動權必然是可以牢牢掌握的。

梁靜是一個非常善於溝通的人，在她的身邊總是圍繞著各式各樣的朋友，她們都說和梁靜在一起，你絕對不會覺得枯燥，因為與她交流絕對是一種享受。

有次我們一起喝茶，好奇的我忍不住向她請教溝通的祕笈，她聽了以後笑笑說：「愛麗，你太客氣了，哪有什麼祕笈？如果真的要說有什麼經驗，那無非是努力的在溝通中讓對方快樂的找回自己。」

「找回自己？這話怎麼說呢？」我繼續問道。

「很多人溝通的時候都只注重自己的傾訴，而沒有意識到對方真正的需求，這樣的交流想一直維繫下去是很難的，因為你始終都在強制性的讓別人接受你，始終都在驅使著別人在自己的軌道上行走，這樣的溝通會讓對方覺得很累，幾次下來自己插不上話，也找不到存在感，自然也就不願意再繼續交流下去了。而我的溝通方式是，永遠把自己放在傾聽者的位置，把發言權轉給對方，並對他們所說的一切報以很感興趣的回應，這讓

對方覺得自己是被尊重的，自己是有存在感的，此時在我的面前，他們可以輕鬆的表達自己的看法，不再是個沉默的人，自然內心就會充滿喜悅。而在整個過程中，我再去找大家都感興趣的焦點話題也就容易多了。」

「那麼還有嗎？」我繼續問道。

「還有……還有就是不斷的發現對方身上的優點，並將這個優點作為自己的驚喜，用最幽默歡快的方式傳遞給對方，讓對方意識到，原來自己身上還有這麼多別人沒有看到的優秀特質，而這些優秀特質卻被你發現了。這樣一來對方一定會更珍惜與你的這段緣分，把你當成自己生命中的知己，因為他會首先意識到，不管前期的交往如何，你必將成為最了解他的人。」

「哇！好棒，你好聰明啊！」我一邊鼓掌一邊對梁靜的智慧大為讚嘆。

「別急，除此之外還有一個最重要的溝通技巧呢！」梁靜說：「交朋友，最重要的是同頻，溝通也更是如此，想與對方更愉快的交流，你必須保持好和他同步合拍的節奏。你們之間至少要找到兩到三個共同感興趣的話題，同時也要讓彼此更適應相互之間的交流習慣，這樣兩個人之間才更容易擦出火花，在有趣的事情上產生共鳴，溝通也就變得越來越有趣，有趣到了說不動還想說的時候，對方就真的已經全然的接受你了。」

是啊！其實交流就是這麼簡單，真誠的走進對方的心，帶著與之同頻的微笑去不斷的發現彼此身上值得珍視的東西。這一切每個人都可以做到，但太多人卻盲目的忽略了這一點。溝通是彼此交流思想的過程，它可以讓我們在靈魂的碰撞中擦出友誼的火花，讓我們從彼此之間尋找到更多的喜悅、收穫和成就感。

如果溝通真的扮演的是橋梁的角色，那我們就讓這座橋更加堅實，更富有創造力。其實你也可以成為那個在人前談笑風生，贏得別人歡喜和信賴的人，你可以讓身邊的每一個人都精神放鬆，和你相處在一起永

遠都不會覺得乏累。你可以走進他們的內心，同時也向他們敞開心扉。你們可以彼此一邊微笑一邊暢快的做自己，因為已經深深知道彼此想要的是什麼。

所以，為了能夠擁有更美好的緣分，從現在開始對自己做出改變吧！成為眾多好友眼中的知音，讓別人快樂，也讓自己歡喜。相信自己，你也能成為別人眼中那個最善於溝通的絕色佳人。

（2）心鎖再多，鑰匙也只有三把

那天回家，看見可愛的女兒正捧著一本童話故事，看我回來就立刻親暱的湊過來問：「媽媽！如果你手裡有一盞阿拉丁神燈，你希望實現哪三個願望？」我想了想說：「願望真的好多啊！三個根本不夠用。」「哼！要是我的話一個願望就夠了。」女兒得意的說。「那你的願望是什麼呢？」我一邊摸著她的頭，一邊關切的問。「我要告訴神燈，讓我永恆的心想事成。這樣一來不就可以滿足我無窮無盡的願望了嗎？」對呀，此時的我終於恍然大悟，原來自己竟然被這麼簡單的腦筋急轉彎困住了。

其實，每個人的心裡都有一盞神燈，大多數人把它放在了生命中最隱祕的地方，緊緊的封閉著心靈的大門。他們敏感而充滿防範意識，不願意輕易的相信別人，也不願意讓任何人了解自己。時間長了，世界在他們的眼前開始變得黯淡下來，他們獨自在黑夜中品味著寂寞，內心憧憬著一個懂得自己的人，卻仍舊放不下手裡的那份拘謹，這似乎成了人群中的一種通病，大家既渴望被理解，又害怕真的被看穿。

那怎樣才能消除人與人之間的隔閡與猜忌，讓我們彼此敞開心扉，擁有更為廣闊的交流空間呢？其實在我看來，上帝真的恩賜給每個人彼此珍重交流的福祉，他早已把三把鑰匙放在了我們的手裡，每一把都有著「芝

麻開門」般咒語的神奇魔力。只要我們能牢牢的掌握它，與它長時間保持靈性的合一，就能輕鬆的開啟彼此緊閉的心門，在分享的快樂中挖掘到最珍貴的情感寶藏。

那麼這三把鑰匙究竟是什麼呢？

◇ 第一把：理解 —— 讓對方感受到卸下偽裝的快樂

曾經有一個朋友說：「愛麗，我特別喜歡和你聊天，感覺跟你在一起聊天特別有安全感，我可以沒有顧忌的與你交流，卸下種種的防範和偽裝，整個人頓時變得輕鬆了很多，感覺那一刻我才真正找回了自己。」

人與人之所以產生交際往來，主要原因在於靈魂的共鳴，我們本應拿出一顆真誠的心，真切的理解彼此，讓對方在與自己的相處中活出自己最真實的感覺。

這個世間有很多阿諛奉承的人，儘管我們可以同樣對其報以回敬的熱情，但也非常清楚，一切不過是逢場作戲，但如果我們可以不那麼做作，努力的去包容、理解，用心的去經營一段珍視的友誼，那你必將會成為對方眼中絕不可少的知己。

真正的朋友，應該是那個除了自己以外最懂你的人，你會把他深深的放在心裡，而不僅僅是在社群上為他按個讚那麼簡單。

◇ 第二把：交流 —— 在互動中珍惜彼此的感受

有人的地方就有江湖，有江湖的地方就有溝通，人與人之間是不能沒有交流的，把自己的感受告訴對方，他才能深切的知道你真正需要的是什麼。

不可否認，這個世界真的太需要交流，很多人渴望找到一個傾吐的對象，卻在手機上轉一圈以後找不到一個合適的人。假如這個時候，有誰能溫馨的為他豎起耳朵，他一定會感激不盡。

　　朋友之間需要交流，夫妻之間需要共鳴，老闆與下屬之間需要訊息傳遞，這一切都是非常必要的交流。用對方能接受的語言，真切的表達自己的心聲，讓對方覺得自己很重要，這是一種溝通的智慧。用心的去傾聽，真誠的去包容，願意付出行動幫助對方解決問題，這是一種對朋友最友善的態度。

　　人是能在彼此的溝通中不斷長進、不斷成長的，不管交流的是什麼，產生共鳴很關鍵，假如可以越聊越投機、越聊越快樂，勢必會忘記很多的煩惱，心門也會在這樣輕鬆愉悅的狀態下，一點點的開啟，隨著溝通距離的縮短，你會越來越感受到對方內心真實能量的流動。

◇第三把：捨得 —— 放下利益，會讓彼此更舒服

　　如今的人，活得越來越現實，越是看到對自己殷勤備至的人，越是會在心裡多對自己打幾個問號。「他為什麼對我這麼好？」「他想從我這裡得到什麼？」「當得到了他想要的東西，他還會像現在這樣對待我嗎？」這麼爬梳下來，很多人就開始陷入冷漠與矛盾中。

　　任何事情一牽涉到利益，就會變得複雜起來，但是假如我們可以將這一切放下，秉持著單純的交友想法去與對方保持溝通，那可能就會有出乎意料的效果。當一個人不再受到利益的牽絆，不再有諸如此類複雜的恐懼，其本質的良善就會顯露出來，也更願意表露自己的內心，讓對方真切的聽到來自他們內心的聲音。

　　信任是需要在互動中一點點培養的，想走進別人的心，首先就要捨得讓別人進入自己的世界，否則兩顆心永遠是兩個世界，而兩個世界的人又怎能保持良好的交流頻率，輕裝前行，毫無遮掩呢？

　　針對上面的三把鑰匙，我的建議是，第一把多用，第二把常用，第三把在看清真相以後好好用。因為人海茫茫，稍微一個轉身，彼此就會錯過，淹沒於人海，再也找不到了。想要讓彼此的距離拉近，交流溝通越來

越圓滿，就要先讓自己有智慧，真誠的去理解，用心的去溝通，用一顆坦誠的心去面對自己，用最真切的愛與關心去感動身邊的每一個人。

狀態：調整好狀態，自己舒服別人也舒服

曾經聽到過這樣一句話：「真正決定人生成敗的是你的狀態。」一個能夠長時間保持良好狀態的人，往往在出現的第一秒就已經成為眾人眼中的焦點，他們謙和、陽光，自信而不失自我。他們總是能夠恰到好處的掌握交際的分寸感，讓別人很自在，也讓自己很舒服。這是一門人生哲學，是每一個渴望精緻者必修的功課。人生最重要的事就是及時做好自身調整，它會幫你找到自己，也會讓你收穫更多。

（1）不是任何人的玫瑰，你就是你自己

時代在不斷的向前進，很多人為了迎合時代的需求，不斷的改變著自己的頻率，以為只要和這個社會保持一致的步調，就能夠得到最有效的發展，而事實上事情真的是這樣嗎？古時候有句話說得好：「楚王好細腰，宮中多餓死。」隨著時間的推移，時尚在變、觀念在變、潮流在變，一切都在變，假如你一味的去討好、去順從，盲目的依靠自己的改變取悅別人、取悅社會，那活得就實在太累了。

人生不過是從生到死之間的距離，這段有限的光陰本就應該由我們自己做主，我們生來是為了成就自己，而不是取悅別人。因此生命最快樂的活法就是聽憑自己內心的召喚，努力的去做自己想做的事，讓自己長時間處在無盡的喜悅和快樂之中。作為一個女人，盲目的去迎合他人會折損掉自己本有的價值，假如真的想活出屬於自己的那份精彩，就一定要有自己的主見，知道自己想要什麼，往往比盲目的順從別人來得更實惠、更直接、更有意義。

始於美麗

我們沒有必要活成別人心目中的樣子，我們要做的只是我們自己。

在去年企業家高峰會上，我穿了一件粉色的簡潔禮服，沒想到從舞臺上演講下來，自己身穿的這件衣服，竟然引起了一個小範圍的評論轟動，有不下十個人走過來對我說：「愛麗姐你今天真漂亮。」正當我心情爽朗的時候，又碰上了這麼兩、三位搖搖頭對我說：「為什麼一定要選這套啊，不適合你啊。」面對這樣正反都有的評價，究竟自己應該聽信誰的呢？這個世界上總有一些人會不自覺的企圖操控你的選擇，告訴你應該這樣、不要那樣，但仔細想來，自己的人生本就是要由自己做主的，為什麼一定要順應別人呢？假如每個人的觀點你都要聽，總是將重心放在別人身上，而沒有切身的去傾聽自己的需求，那結果很可能是什麼也做不好，什麼也做不成，但是如果你能順著自己的意願，一步步的去嘗試，堅定不移的走下去，說不定很快就能找到一片柳暗花明的新天地。

我有一個朋友，是一個極富魅力與才華的藝術家，她穿衣的風格與她做事風格一樣，瀟灑、隨性、飄逸，對於她的這種行事風格，有很多人認同，也有很多人搖頭。而她永遠是一副滿不在乎的樣子。有一次我問她：「你是怎樣看待別人的評價呢？」她聽了笑笑，眼中滿滿的全是堅定：「在我看來，每個人起初都是一部經典電影，可活著活著就變了味道，成為了別人故事的翻版，這是多麼可悲的事。我們來到這個世界是為了體會自己，跟別人沒有任何關係，我們本可以在自己的世界裡活得很舒服，為什麼要費心費力去成為別人手中的玫瑰？世間任何一朵花都應該是為了自己而綻放的，我們沒必要一味的迎合別人，因為我們就是我們自己。」

一個人想做自己有多難？簡單能簡單到近在咫尺，難能難到海角天涯。假如你放不下內心的那份別人對你的評價，問題就會變得有點難。你需要一個很大的空間去進行自我冒險，不管是成功，還是失敗，你都需要

在這一系列的考驗中學會釋放自己，活出自己想要的樣子而不是別人的樣子。這個世界上很多東西都是可以學來的，或者買來的，唯獨內心強大只能靠長期的修練得來。假如這個時候的你沒有認可自己的價值，還一味的覺得只有抓著一些外物才能讓自己感覺安全，那麼這種安全感的背後，失去的一定是最珍貴的自己。

人們常常把女人比作玫瑰，可玫瑰雖美也難以做到讓所有人滿意，與其如此，不如放下華而不實的神壇，讓自己在自由中綻放，在瀟灑中成就。對於一個女人而言，所謂的迷失自我，並不意味不知道自己內心想要什麼，而是總將希望寄託在別人身上。假如當下的你意識到了這個弊端，就從今天開始為自己的生命注入新的活力吧！用愛填滿生命，邁開步伐輕快的做自己。沒錯，你不是任何人的玫瑰，你就是你自己。

（2）噓！別動不動就亂了「分寸」

記得那時候年輕，到一家頂級的美容院工作，當時的女老闆很精明，嘴上總是掛著一句口頭禪：「人生在世不能對不起自己的良心，外表可以是圓滑的，但是內心一定是方正的。」人與人之間的關係也是如此，有了交流就很想接近，接近以後卻又下意識的保持距離。人與人之間的關係，太近容易發生摩擦，太遠容易產生疏離，唯有保持好那份剛剛好的「分寸感」，才是人生最有智慧的交際狀態。

曾經遇見過一個人緣非常好的老先生，成熟穩重的他深受朋友的愛戴和信任，和他待在一起你會覺得內心很安定，整個人都在他喜樂安定的氣場中收穫著無盡的力量。於是我問他：「您是怎樣經營自己的交友圈的？為什麼身邊會有這麼多摯友？說真的，我好羨慕您啊！」

他聽了笑笑說：「方法很簡單，那就是掌握好與人來往的分寸感，別

人不提起的事，自己也不要提，要保護好他內心最脆弱的部分。別人想提的事，你去用心的聽，不過多的評判，卻可以在經歷一番思考以後充實自我。自己有難處，能不麻煩別人就不麻煩別人，真的沒有辦法一定要尋求幫助，也要記得還人情。而當別人有了難處時，也要適度幫忙，做別人雪中送炭的及時雨，要比幫了倒忙更值得感激。與人交際，話不必說得那麼透澈，只說半分就好，語言要講求藝術，讓別人容易接受，他把話聽進去了，自然自己會回去思考，你又何必去干涉對方的選擇？對於家長裡短的事情，能不過問就不過問，那是別人的私事，局外人怎能隨便插手？聊天要掌握對方的性格，順著對方的脾氣，但這並不意味著自己沒有底線，用心的維繫好交流中的融洽關係，也含蓄的提出自己的需求和想法，這樣對方不但覺得自己受到尊重，還更願意坐下來與你平心靜氣的探討問題。不管遇到的事是好事還是壞事，都記得開門不打笑臉人，微笑是擺脫尷尬最簡單的方法，當你面帶微笑的對待別人的時候，別人自然也會微笑的回應你。總之，什麼事情做到恰到好處才是最好，剛剛好對方能接受，剛剛好自己表達了該表達的內容，剛剛好對方明白了，你也就剛剛好的達到了目的。人這輩子，太剛烈會活得很累，過於柔弱會被人欺凌，外圓內方是最好的處世方式，讓對方明白你是一個講道理的人，讓他感受到你的內在修養，他自然不會粗暴的對待你，而會對你越來越謙恭，因為他知道當他謙恭的對待你的時候，自己也就成為一個有品味、有涵養的人。」

　　事過多年，每當我回想起老先生的話，內心就會感慨良多，在這個複雜的社會，很多人都會覺得朋友有時會比親戚更親密，也更有能力幫助自己。可一旦自己掌握不好彼此之間的距離，再美好的友誼也可能會面臨塌方，再想去維繫修繕，也無法復原成以前的樣子。

　　芳芳和蘭蘭是一對非常親密的多年閨密，最苦難的時候她們一起租了

間廉價的房子，一起吃著唯一剩下的一碗泡麵，天氣冷得要命，兩個女孩就彼此相擁，在單薄的被子下取暖。本來覺得這樣美好的友誼會持久下去，可沒想到兩人卻在經歷了一件事後關係陷入緊張，以至於最終破裂到難以挽回的地步。

那年秋天芳芳認識了自己的初戀劉京，兩個人順利的墜入了愛河，芳芳每天都會跟蘭蘭談論到劉京，而蘭蘭也會細心的詢問芳芳與男友交往的每一個細節，將自己順理成章的擺在了情感軍師的位置。但時間一長，芳芳便越來越覺得渾身不自在，她覺得蘭蘭實在是越來越獨斷專行了，總是想控制自己的感情，不斷的要求她要這麼做、那麼做，而且還時不時的對自己男友進行一番嘲弄，說劉京為人不可靠，要她還不如乾脆分手。

最終芳芳實在難以忍受，便和這個相處十幾年的閨密大吵一架，隨後打包行李，永遠離開了她們共同的家，再也沒有回來。看著昔日的閨密彼此仇視成這個樣子，蘭蘭既生氣又傷心，她跑來找我，向我不斷傾訴自己內心的苦楚：「我是真心對她好的，怕她被騙、怕她吃虧，結果她可倒好，拋開我跟男朋友去住了，這麼多年的感情，在她眼裡還不如一個男人重要。」我聽了以後搖搖頭說：「親愛的，說實話你管得太多了，作為朋友越是親密，就越要保持好距離，否則對方一定會有被侵犯感，而這種感覺是很容易引起別人的牴觸情緒的。每個人都應該為自己做選擇，你為什麼一定要站在別人身邊左右他呢？」

人們常說：「距離產生美。」這話一點也沒錯，保持良好的距離分寸，往往可以讓自己在交際中妥善的保留餘地，也更容易贏得別人的好感和認同。剛剛好的距離，剛剛好的溫度，再配上外圓內方的堅強自信，一個人的最佳狀態才能真正得到顯現。所以，給自己幾分鐘反觀自己，現在的你真能保持好那份剛剛好的分寸感嗎？

第二章
心美 —— 心若美如幽蘭，身邊的風都帶香氣

拉斯金（Ruskin）說：「除真摯的心靈外，別無高貴的儀容。」美麗是可以創造的，在任何條件下都可以，只要有一顆寬敞的心、一顆美麗的心、一顆積極樂觀的心，便可以無時無刻創造美麗。美，於拈花一笑間在心靈上盛開。美在覺悟的剎那間與天地共鳴。正所謂：「美於一念，醜亦然。」心若美如幽蘭，身邊的風都帶著醉人的香氣。

夢想：夢想和夢，真的很不一樣

夢想是人生命的主旨，只要不斷的尋求，必然能夠盼到它開花結果的那一天，可現如今很多人面對夢想都是茫然的，在時間的磨礪下，他們漸漸開始對曾經的嚮往絕口不提，開始在潛意識中暗示自己一切都不過是個夢。可夢和夢想是有區別的，儘管我們內心包含著同樣的渴望，可有人選擇了一定要得到，有人卻將一切拋到了九霄雲外，結果顯而易見，堅持不懈的人才更有資格贏得最後的成功。

（1）經濟獨立，才能活得有底氣

因為工作的原因，我接觸最多的是女性，很多朋友見了我就會問：「愛麗，你覺得女人這輩子最重要的是什麼？」老實說，幾十年的人生閱歷告訴我，女人要想贏得自己的幸福，成為自己生命的主人，首先手裡不能沒有的就是經濟基礎，所謂經濟基礎決定上層建築，你自己沒有成就事業的勇氣，自然也就沒有經濟實力的底氣。一個沒有底氣的女人，一個只

能朝著老公手心向上的女人，時間長了，必然是尊嚴不保的。當一個女人將自己的經濟和未來寄託於別人，一味的依靠於別人，那唯一的結局就如斷翅的小鳥一樣，別無選擇的喪失自我。這就是現實，再多的哀怨控訴都是無濟於事的，因為這是你自己做出的選擇，你無條件的放棄了本應屬於自己的自主權，不幸福又能怪得了誰呢？

在我看來，一個女人只有實現經濟獨立的時候，才能實現思想獨立，而當思想獨立之後，你才能昇華到人格獨立，創造獨立，你才能夠真正實現內心的尊嚴感，你才能真正拿出百分之百的勇氣做自己，這種有底氣的生活狀態，會讓一個女人生活得更有成就感，面對自己的伴侶，也可以做到只有依戀沒有依賴，這樣的婚姻關係才更容易實現平等，呈現和諧。

我有一個顧客阿芳，老公是世界 500 強企業的高層，為了支持丈夫事業，受過良好教育的她放棄了高薪的工作，成為了一名全職太太，起初丈夫對她的犧牲感恩備至，每天下班就會準時回家，與她一起做飯享用晚餐，那時候她覺得自己的付出很值得，心裡也很幸福。

可是時間久了，問題就一點點的全都蹦了出來，她發現自己與丈夫的交流話題少了，而對於自己的傾訴丈夫也表現得越來越不耐煩。再過一段時間，對方開始動不動就發一則簡訊說要加班，然後很晚才回家。這讓阿芳有一種不祥的預感，不知道他們的婚姻關係會不會出現了問題。

於是阿芳想找機會和丈夫好好談一談，可是丈夫沒聽幾句就不耐煩的說：「好啦，女人真麻煩，你想得太多了，我就是因為現在業務比較忙，所以老要加班，每個月的生活費都會匯給你，每次都夠到購物中心買好幾個包了，你還擔心什麼？抱著這麼舒服的日子，還要跟我這裡鬧來鬧去的。」阿芳聽了這話，生氣的說：「你以為我願意這樣嗎？要不是為了這

個家，我現在說不定職位並不遜色於你，你以為我喜歡每天洗菜、做飯、打掃環境的日子嗎？你知道我每天活得有多辛苦嗎？你現在單單憑一筆生活費就想敷衍我，把我的尊嚴放在那麼低的位置，我的夢想你還得起碼？你覺得你現在得到的一切，都僅僅是出於你個人的努力嗎？」聽了這話，丈夫眉頭皺得更緊了，他拿起衣服，說：「這家真的快待不下去了，你愛怎麼想就怎麼想，能過就過，不能過就離婚。」說完便甩門而去，一整晚都沒回家。

那一晚阿芳一夜未眠，她想了很多事，總結自己的問題在哪裡？是容顏衰老了？還是能力不如當年，她覺得自己活得很沒底氣。假如有一天老公真的離她而去，她能獨自支撐好自己的生活嗎？那個曾經行動果敢，思維敏捷的自己到哪裡去了？曾經的女性魅力是否還在？自己放棄了這麼多，究竟手裡還有什麼？假如有一天自己放下了一切仍然守不住這個家，那麼自己所做的一切還有什麼意義？但她知道不管怎樣自己都要有所改變！坐以待斃肯定是不行的。

於是阿芳來到「名媛」與我相識，聽了她的故事，我認真的說：「我想這些年您一定過得很辛苦，如果是對自身的形象沒自信，那麼我們這裡絕對能夠幫您解決問題，但是除此之外，我覺得您找回自己更好的方式是恢復經濟獨立，重新回歸自己的夢想。一個女人支持丈夫工作未必只有在家當全職太太這一條路，她可以作為丈夫事業的助力和他平等的站在一起，這樣兩個人才會有更默契的合作和交流。其實對家庭瑣事來說，如果您恢復工作的話，一個幫傭就能輕鬆搞定一切，為什麼要在這些無謂的事情上投入那麼大的心力呢？要我說，您現在經營家庭的模式應該改變了，女人任何時候都不能喪失了自己的經濟能力，因為手心向上會讓男人產生優越感。但如果自己手裡有錢，也能賺錢，那兩個人的關係就越來越平等

了。更何況您又不是沒有這份能力，為什麼要等著他說出那句狠話：『你花的錢是我的。』」聽了我的話，阿芳真切的點點頭。

如今的阿芳已經是一家創業公司的高層，薪資不輸老公，人也變得漂亮而有魅力了，而令她出乎意料的是，自己和老公之間的關係也變得和諧了。老公不但每天準時回家，而且時不時的還會製造一些小浪漫，兩個人互動也變得越來越頻繁。看到自己人生的完美改變，阿芳內心有說不完的欣喜，她成為了「名媛」的忠實客戶，每次見到我，都會給我一個暖暖的擁抱說：「崔院長，謝謝你，謝謝你幫我找回了夢想。」

一個女人想贏得幸福，首先不能放棄的就是經濟獨立，因為活在別人影子裡的狀態並不舒服，沒底氣的人生會讓自己覺得沒有尊嚴。因此，不管家庭富裕與否，女人至少要有自己的工作，要有一份屬於自己的經濟來源。我們要讓老公知道，自己一個人也照樣可以養活自己，和他在一起更多的企圖在於愛，而不在於經濟。這樣一來，不但自己活得有底氣，還更容易贏得老公更多的關心。

人生最重要的在於自己的選擇，你選擇了什麼樣的方式，也就選擇了什麼樣的結果，願每一個女人都能活出自己最滿意的樣子。做有底氣的女人，將幸福的生活堅持到底。

（2）創造不了價值，人會活得很辛苦

假如一個人能在這個世界上創造價值，即便工作再辛苦，內心也是快樂而充實的。相反，假如有一天上天剝奪了你創造價值的能力，即便是給你再舒適優越的生活環境，時間長了，想必也不會感覺幸福。

正如著名心理學家威廉·詹姆斯（William James）所說：「如果可行，給一個人最殘忍的懲罰莫過如此：給他自由，讓他在社會上逍遙，卻又視

之如無物，完全不給他絲毫的關注。當他出現時，人們甚至都不願稍稍側身示意，當他講話時無人回應，也無人在意他的任何舉止。」由此可見，當一個人感覺不到自己生存的價值，那他的整個人生就會變得很辛苦，他找不到自己人生的意義，也不知道自己活著是為了什麼。

曾經有一位顧客，家中相當的富有，老公給她足夠的財富，每天聘請專人照顧，但就是不允許她出去工作。剛開始她覺得這種每天無憂無慮的生活狀態非常好，手裡有花不完的錢，可以買到自己想要的任何東西，人生實在是太愜意了。可時間一長，她就開始憂鬱起來，感覺自己的人生除了花錢沒有任何意義，一個不被誰需要的人，即便穿得再好、再富有，又有什麼用呢？於是她開始吵著跟老公要求上班，說哪怕是一份再卑微的工作，她也要走出去工作，否則一定會憋出病來。

一次她來「名媛」接受服務，聽了她的抱怨，我故意打趣的問：「像這麼愛你的老公，去哪裡找啊！你知道在別人眼中你是多幸福嗎？多少人得對你羨慕嫉妒恨啊！」結果她不屑的說：「愛麗，你知道對我來說，那種被人需要的渴望有多強烈嗎？試想，假如這個世界真的不再需要你，想摺個被子都會有人跑過來，不需要你動手，你在這個世界上找不到任何被認同的感覺，那是一種怎樣的煎熬啊！」

我聽了沉默良久，繼續問：「那您所認為的那種認同感究竟是什麼樣的呢？」她想了想回答：「那種感覺，不是商店店員心不在焉的讚嘆說：『哇，您穿這件衣服好美！』也不是同學聚會上別人感慨：『你有這樣愛你的老公真好！』而是一種心與心的感應，他會對你說：『能幫個忙嗎？我真的很需要你。』如果是這樣，我想我一定會毫不猶豫的衝出去。愛麗，混吃等死是很艱難的，每天你都會覺得時間長得驚人，在這樣日復一日中，除了自我懷疑和自我否定，什麼都沒有。過於安逸，不被人需要，讓

我的人生很掙扎，可這份苦卻是少有人能理解的。」

聽了這位顧客的話，我將自己沉浸在長時間的思考中，我不斷的問自己：人生真正的目的是什麼？是為了獲得安逸的生活是為了實現真正意義上的自由？還是最大限度的讓自己體會到自身的價值。很顯然，最終的答案一定是第三個。

一個人之所以要有理想、要有目標，主要原因在於他要讓自己有限的人生充滿價值，在漫長的生命旅程中，人不斷尋找的是自己存在的意義。被人需要的感覺是可以帶來快樂的，被認可和肯定的感覺是可以體會到幸福的。人只有被世界所需要才有歸屬感，它會讓你覺得自己是這個大家園的一分子，自己的存在對別人是有意義的，自己的努力對於這個世界是有價值的。

所以一個人最幸福的狀態一定是工作狀態，他們會在工作中不斷尋找屬於自己的成就感，他們會努力的為別人服務，同時讓自己找到靈性花園中的快樂。他們如一朵嬌豔的花，需要不斷吸收認同和讚許的養料，他們會在這樣的滋養下傾情怒放，因為他們找到最美好的自己。

所以親愛的朋友，千萬不要輕視了工作的重要，不要再在那裡憤世嫉俗的說：「工作就是領著薪水被人利用。」因為它能給予你的還有很多很多。如果說得再客觀點，被人利用也未必不是一件壞事，只要它是良性的，說不定更能幫助你展現自身的價值，讓你意識到原來自己身上還插著這樣一雙獨特的翅膀。這總要比漫無目的的生活好得多，因為最辛苦的生活不是早出晚歸、忙忙碌碌，而是你根本無法創造任何價值。

願我們一生都是最有價值的那一個，秉持信念與理想，不斷去追、去創造，它就斷然不會辜負你。

心態：格局好不好，取決於你對它的態度

　　人的命運在於他面對人生的態度，以積極的心態過日子，人生就是一片春暖花開，以消極的心態去生活，陽光再溫暖，心裡也是過不去的寒冬臘月。這個世界到底是什麼樣子與我們無關，卻與我們想把它創造成什麼樣子有關。人生的格局，來自於我們面對它的心態，生命中最美麗的風景來源於我們內在對它的感知。只要心是陽光燦爛的，人是自信堅定的，這輩子一定差不到哪裡去。

（1）誰給了你一千個逃避的理由

　　人生在世總是喜憂參半，快樂雖然能為人帶來幸福，但卻很少能夠讓我們留下深刻的印象，相反越是往昔那些身處困境的時光，越是會在我們的心頭盪漾。儘管那些傷痛，給我們帶來的感覺並不好受，但當我們真正拿出勇氣戰勝它，把事情圓滿解決的時候，它便成為了我們人生中最精彩的部分。

　　在我看來，對於困境而言，縱使有一千種的逃避方法，它來了就是來了，它不會輕易從你的世界裡離開，也不會替你降低一分痛苦的感受。當一個人被眼前的困難嚇倒，也就無形中賦予了這件事更多的負能量，這些能量讓我們的思維陷入困境，以至於越想越害怕，越想越無助，越想越不知道怎麼辦，但假如你能夠勇敢的轉過身，回饋給這虛幻的野獸一個強大的微笑，它的恐怖感就會瞬間化為烏有，因為勇氣是世界上最神奇的力量，只要你選擇正面應對，積極的對自己承擔責任，靈感與智慧就會自然的顯現，一步步指引你走出困境，度過重重難關。

　　2003 年正當我的美容院剛做得有些起色的時候，SARS 降臨到了這個城市，熱鬧的大街瞬間變得空空蕩蕩，店裡的員工全部離開了，就連那

時候的男朋友也不辭而別。整個店裡，只剩下我一個人，心裡不知道還要守候多久，也不知道這場災難結束後，自己的美容院還能不能正常經營下去。假如不能經營下去，前期的投入怎麼辦？顧客怎麼辦？一連串的問題敲打著我的腦袋，讓我一下子寢食難安。

店面關了 20 天後，我去店裡值班，發現店門上貼了好幾張顧客紙條，上面寫著她們的名字，大家紛紛在打聽什麼時候能夠做美容。揭下一張張紙條，我走進店裡，看著空無一人的屋子，一個人沉思起來。眼下情況就是這樣，如果答應顧客來做美容，那自己就有被感染 SARS 的可能，如果不答應，時間一長大家肯定會擔心，覺得這家店可能要騙錢歇業走人，這麼多熟悉的老客戶肯定沒辦法維護了。但現在自己手裡沒有一個兵，唯一能動的人只有我自己，我到底該怎麼辦呢？

思前想後，我決定獨自面對，當天我將整個店面每一個角落全部消毒，點上香香的茶樹精油，開始一一電話預約顧客，一個一個的為她們服務。並耐心的寬慰她們，讓她們放心，我在，「名媛」在，假如真的擔心 SARS 控制不了，可以選擇退費，以後情況得到控制了再來消費。

就這樣還是有一些顧客來了，儘管外面驚恐感還未消散，店裡的我與顧客卻絲毫沒有受到影響，大家一邊接受服務，一邊歡聲笑語，一切都是那麼的正常。那時候的我早晚還是會坐公車上班，公車儼然成了我一個人的專車，從窗外望去，外面的世界好像沉睡了，只有我一個人醒著，我靜靜的告訴自己，一切都會好的，不要逃避，坦然面對，沒有解決不了的問題。

就這樣，一個月、兩個月，SARS 終於得到了控制。有些員工陸續回來了，她們看到店裡雖然只有我一個人，但顧客數量依然沒有減少，而且我還很健康，也沒有因此感染任何疾病。比起其他家美容院生意慘澹的狀

態，「名媛」的生意竟然超出想像的好。而我也藉機對轉讓的美容院進行收購，成功的擴大了自己的規模。

一位德高望重的上師說：「每一次困難出現，都是一次境界的顯現。人來到這個世界，就是為了在逆境與順境間自我參悟，最終明心見性，看破輪迴。」明白了這個道理，心就坦然了。困難來了，問題肯定就來了，可來了又能怎樣？無非就是要想辦法解決它。在我看來，人生最需要的不過就是一份對自己的坦誠，出現問題，能解決就積極去解決，不能解決就安然的接受。一切有什麼好怕的？反正翻過來調過去，我們面對的不過是我們自己。逃避的壞處在於我們是用這種方法欺騙自己，敦促著自己去相信騙局中的幻境，以為這樣就可以風平浪靜，但再美的欺騙也是改變不了事實的。

有時候，困難就像一個哈哈鏡，放遠了看它，它就小；放近了看它，它就大。所以人要有智慧的看待問題，遠看看的是結果，近看看的是癥結。佛家常說，種什麼因就有什麼果，當一個人知道起因是什麼，結果是什麼的時候，做起事情來就不再迷惑了，因為他們已經知道自己應該怎麼做，做了會得到什麼，什麼才是自己真正想達到的目標。

人活在世上沒有一帆風順的道理，既然每個人多少都要經歷挫折，那就提早擺正好自己的心態吧！用積極樂觀的方式去看待它，問題所為你帶來的不安和恐懼就會消散。當你不再受到這些負能量影響的時候，心自然就變得輕鬆明快起來，那不過就是生命中的考驗，挺一下、堅持一下，一切都會過去。

願你經歷磨難而初心不改，如一粒頑強的種子，不論外面的世界對你意味著什麼，也要堅定的破土而出，努力開出最美麗的花。

（2）別再為「低能心態」買單了

　　人生在世幾多風雨幾多愁，但這並不意味著我們就要因此放下對生活的勇氣和期待。回憶往昔，一路並不平坦的我依舊對過去心懷感激，它教會了我堅強，給了我自信，同時也造就了我的陽光和堅定。這讓我覺得人生就是由一連串的故事組成的，丟失了哪個部分都不完整，為了讓自己的故事更精彩，我們必須努力讓自己強大，讓自己長久保持在高能狀態之下，讓生命的每一天過得自性飽滿，豐富充實。

　　一個人現在的狀態決定著他一生的遠景，即便是遭遇不順，也要相信一切都會過去。曾幾何時，經歷著一番人生困境的我，獨自一人漫無目的在大街上走著，外面的陽光很暖，但我的心卻很冷。此時夕陽西下，我看到一對老人手挽著手安詳的在街上散步，心一下子就被眼前的場景觸動了。此時有個聲音在對自己說：「愛麗，看啊，天並沒塌下來，每個人都活得很安詳，你為什麼要一味的這樣失落下去？人生還有那麼長的一段路要走，誰一路走來是一帆風順的？重新恢復活力吧，想成功就別在負能量中糾纏，要有持之以恆的耐力，你一定要堅持，說不定下一秒，一切都能峰迴路轉呢！」想到這裡，我的心便不再迷茫，臉上露出了幸福的微笑。

　　我們的身心是天地間的能量載體，外界的一切事物都是與我們的靈魂心心相印的，當內心憧憬快樂美好的時候，幸福的正能量就會受到感召，一步步的吸引到我們身邊，圓滿我們的願望。但假如我們內心呈現的是憂傷無助的低能狀態，那負能量同樣也會被感召，快速的入侵到我們的世界。具體分析下來，生命的原理就是這麼簡單，每個人都可以透過自己的努力夢想成真，可並不是所有人都能掌控好自己的那顆心。

　　我有一個妹妹叫王麗，事業一直做得很不錯，長得也很漂亮，但一談到感情，就開始眼淚汪汪。她說自己在二十多歲的時候，曾經歷過一次失敗的

戀情，她被男友深深傷害了，以至於談情色變，對婚姻產生了恐懼心理。在經歷了感情挫敗以後，王麗整個人都變了，她越來越沉默，越來越敏感，對男人有著很強的戒備心，完全深陷在低能狀態之中。儘管之後她也遇到了幾個條件相當不錯的男生，卻沒有一個修成正果。用她的話說，如今的自己想接受一個男人太難，別人不容易走進她的心，因為她對誰都不放心。就這樣時間一天天過去，年近三十多歲的她，還是孤身一人，看了就讓人心疼。

有次，我們相約逛街，坐在咖啡館裡聊天，放鬆下來的她終於向我吐露了心聲：「愛麗姐，到了我這個年紀，很多人肯定會認為我對愛情已經沒有憧憬了。但其實並不是這樣，在我心裡，愛情依然是我最渴望的東西，可每當我想鼓起勇氣去接受一段感情的時候，曾經受到的傷害就像電影一樣在腦中浮現。我以為隨著時間的推移，我會忘記，但它卻始終在那裡一次次的刺傷著我。所以我總是不放心，我害怕會受到二次傷害，所以總是下意識的去防備，放不下自己敏感的神經。我知道問題在於我，是我讓對方覺得太累了，累到想結束逃離，但是我卻怎麼也控制不了自己。」

我聽了以後安慰她說：「王麗啊！人不能總沉溺於回憶，而是要努力向前看的，越是受過傷害，越是要珍惜當下，我們要讓自己在新感情中收穫更多的幸福和快樂，它本不應該再受到過去的牽絆，因為過去已經是過去了。人生最愚蠢的事，就是用別人的錯誤來懲罰自己，可是你已經這樣懲罰了自己十多年了。你謹守著曾經的痛，每天把這種痛翻來覆去的經歷無數遍，又有什麼好處呢？與其如此，不如給自己一次重新開始的機會，在嶄新的一天配上嶄新的自己，感受天地有多豁達，自己的那點小傷痛是多麼微不足道，心結一下子就打開了。不信你看，外面的陽光多好？讓它去溫暖你的心吧！從此把心打掃得乾乾淨淨，讓靈魂在那裡安住下來，你就會發現曾經的傷痛無非是堅強的養料。快速的告別低能心態才是最智慧

的選擇，所以不要讓它再繼續左右你了，你已經在傷痛中沉溺了太久，也該輪到讓自己幸福了。」

聽了我的話，王麗點頭說是，她一邊擦拭眼淚，一邊喝了一口熱呼呼的咖啡：「是啊，是時候跟過去道別了，曾經的王麗已經死了，她不可以再影響嶄新的王麗，而當下的王麗一定要幸福，也必須幸福。」之後我又介紹了一個性格開朗的男士給王麗，因為對方很幽默，總是愛講笑話，人又很體貼，而王麗自己的狀態也發生了很大的變化，掛在臉上的傷感消退了，笑容也變得越來越燦爛，她告訴我現在的自己很幸福，已經可以徹底擺脫低能心態的干擾了。

一個在低能心態下生活的人，是很痛苦的。這種痛苦來源於他們看待事情的角度，假如不去努力的改變，是很容易被負能量淹沒的。生命順境、逆境，不過是種境界的呈現，它沒有好壞，也沒有對錯，關鍵看你對它所持的態度。悲觀的人覺得一片漆黑是死亡的前奏，樂觀的人卻將這種黑暗看成是黎明的曙光。所以，要想活得快樂，就先要讓自己的心態振作起來，因為這個世界上沒有所謂的救世主，別人所能給予你的只是助力，真正能拯救你的只有你自己。

情緒：情緒是把雙刃劍，你想靠到哪一邊

不要在流淚的時候做任何決定，情緒負面的時候話越少越好。在生活中的我們被各式各樣的情緒影響著，它猶如一把雙刃劍，好的時候，能夠激發我們的鬥志，不好的時候，可以讓我們憤怒、失落、一蹶不振。這樣一個時好時壞的「朋友」，究竟應該怎樣共處呢？告訴自己一切都會過去，那不過是一種感覺，當它在我們的控制下漸漸淡去，理智的心會因此變得更加強大、更加從容。

（1）管得住情緒，才不至於兩敗俱傷

人在情緒平穩的時候，每一個選擇，每一個決定都可以審慎思考，所以最終的結果大多是令人滿意的。但當一個人情緒失控的時候，他所做出的反應很可能與自己平靜的時候截然相反。常言說得好，真理向前邁一步就成為了謬誤，明明自己本來是有道理的，可就是因為一時的負面情緒，一個過於激烈的舉動，就把自己推向了被告的審判席。

我有一個同鄉，平時人老實本分，從來不輕易跟人發生爭執，到了新公司，發現同事之間都有自己的小團體，自己又是新來的，自然處處不合群。時間一長，有些同事看清了他軟弱好欺負的個性，開始沒事就找他的碴。起初他努力的忍耐，心想說不定再忍一忍一切就都過去了。但沒想到的是，自己越忍對方越是變本加厲。

終於有一天，一個同事指桑罵槐的攻擊同鄉的父母，言辭相當難聽，同鄉這一次再也無法抑制內心的怒氣，便和那個同事爭辯起來。兩個人在口角中動了手，同鄉用力的打了對方兩個巴掌，雖然打了兩下就停止了，對方卻以此為理由把事情鬧大。又是叫警察、又是叫朋友、又是找老闆，弄得公司上下人人皆知，而那些同一個小團體的同事也跟著幫腔，說是同鄉先挑釁，還動手打人。

就這樣，打了人的同鄉被警察問訊了一個晚上，因為主管聽信了其他同事的話，決定開除他。當他默默的整理東西準備離開公司的時候，看到那個欺負人的同事得意洋洋的樣子，心中既難過又生氣。茫茫人海的大城市，失去工作的他不知道找誰傾訴。憋得沒有辦法，便打電話把這件事情告訴了我，而我聽到這個消息，除了勸慰以外真的也幫不上什麼忙。

一個忠厚老實的人，做出如此反常的行為，必然是被逼到了氣頭上，但假如自己在問題出現以後，能夠冷靜處理，採取更有效、更有道理的方

式處理問題，恐怕事情的結果就要比現在好得多。

這個世界上有能力的人很多，智商高的也不在少數，但是能夠將自己情緒牢牢掌控在手裡的人真的太少了。假如一個人做不了情緒的主人，很可能就會在無意間成為被情緒奴役的工具。情緒的失控必然伴隨著人生的失控，假如自己對此沒有任何控制能力，必然會陷入到一個可怕的惡性循環。

那麼究竟怎樣才能不被壞情緒所驅使，永遠保持內心的理智呢？經過長時間的摸索，我總結了以下幾個經驗：

◇ **第一、深呼吸三秒鐘，讓內心平靜下來。**

從科學角度來說，有效的利用呼吸可以讓我們的身體從激動的狀態瞬間緩和下來，所以每當感覺情緒要發作，不如自己先深呼吸三秒鐘，讓心靈隨著呼吸一點點的平靜下來。然後暗示自己，當前的情緒不過是身體的一種不良感覺，爆發是不可取的，此時不抑制，未來一定會後悔。

◇ **第二、保持沉默，不隨便發表任何言論。**

情緒激動的時候最容易攻擊彼此，本來小事一樁，嘴巴一亂說，事情就變大了。所以越是在這樣的情況，越不要隨意的發表言論，因為這時說出來的話，一般都沒有經過大腦處理。而沒有經過大腦處理的話，是很容易產生負面效應的。隨意的噴發，必然對自己不利。

◇ **第三、盡可能離開是非之地。**

一旦感覺自己要爆發，最好的調節方式是馬上可以讓自己換個環境。假如情況允許，不如找個理由走開，這樣可以有效的遠離自己想要爆發的對象，也可以更好的抑制自身的情緒，降低自我爆發的危險係數。當自己想要爆發的對象在眼前消失了，內心也更容易平靜下來，大腦會慢慢恢復理智。

◇第四、專注於自己分內的事，不要在意別人怎麼說。

百分之八十的情緒失控，都來源於我們受到外力的影響。但對於一個專注做自己的人來說，別人說的任何話、做的任何事，都會在他專注於自我的世界裡失去效應。當一個人能夠做到輕鬆的做自己，不再受外界影響的時候，外力對他的傷害就會降到最低。而這樣穩定理智的人，永遠不會被別人牽著鼻子走。

說了這麼多，不知道對大家有沒有幫助，面對負面情緒這個魔鬼，最重要的還是自我調整和抑制，假如你真的能在這場修行中降伏魔怨，成為情緒的主人，那麼人生必然就少了很多障礙。一個不被情緒左右的人，更容易贏得成功，而你、我完全都能做到。

（2）編輯好你的情緒密碼了嗎

普希金（Pushkin）說：「假如生命欺騙了你，不要悲傷、不要心急……一切都是瞬息，一切都將會過去，而那過去的，就會成為親切的懷戀。」對於人生的境遇來說，每個人的情況都是差不多的，總有一些讓你高興的事，也總有一些讓你不高興的事，而這些高興與不高興的事都是一陣風，早晚會成為過去，唯獨穿梭於其中的情緒，隨著事情的發展起起伏伏，悲悲喜喜。有些時候那種感覺就像是一場自己替自己精心安排的電影，你是主角、又是觀眾，整個劇情就是每天都要經歷的人生，我們在情景的轉變中歡喜悲傷，著急生氣，但到頭來一切都會在電影該散場的那一刻歸零。這個世界總是會有新電影上映，讓動了情的我們在悲悲喜喜、愛恨交加中行走輪迴。

師父說：「人生猶如虛夢，你越是動情，越是會受苦，而當你看清事情真相的時候就會豁然開朗，一切執著貪戀的情感，無非是存留心間的一

抹浮萍，風一吹就散了。萬事看淡，便能雲淡風輕。萬事放下，眼前永遠晴空萬里。」有些人的生活看起來苦澀，但心卻能苦中作樂，依然活得悠哉悠哉，大有採菊東籬下，悠然見南山的美好意境。有些人的生活看起來讓人羨慕，但卻內心孤寂，找不到生活的樂趣，成為大家眼中身在福中不知福的典型。這麼看來，一個人能不能找到快樂，跟生活狀態無關，跟富有不富有也無關，關鍵還是在於你能不能有效的轉變內心的情緒狀態，讓自己恆久保持積極樂觀。

我有一個很好的閨密，只要她在的地方，永遠都是笑聲一片，她是大家眼中的開心果，有她的地方就有歡笑，即便是再內向的人，也會在她的感染下開朗起來。

有一天大家正在嘻嘻哈哈的聊天，閨密突然接到一通電話，電話那頭顯然是一個投訴者，聲音很大，大到我們每個人都能聽到對方在說什麼。主要內容是覺得閨密店裡的工作人員服務不到家，自己很失望，這樣品質低下的店，自己以後再也不會來了。緊接著一大堆的抱怨和指責迎面而來，情緒越說越激動，話也越說越過分。而拿著電話的閨密，臉上卻找不到一絲的愁容。她聽完了電話，平和的回覆對方說：「您的問題我知道了，如果我們的服務沒有做到您滿意，那麼這裡先說一聲抱歉，我們有專門接受投訴的電話，有什麼問題您可以打那個電話，我們有專人傾聽細節，相信會在最快時間針對您的意見進行回饋。如果您不知道電話號碼的話，我可以告訴您。」

本來回答沒什麼錯，可沒想到對方的火氣一下被激起來了。「你什麼意思？少說廢話，你是不是老闆，我就找你。」聽了這話，身邊有幾個朋友都開始憤憤起來。有人開始提議：「別接了，把電話掛了，這樣的顧客不要也罷。」結果閨密卻一邊做鬼臉，一邊繼續聽電話，並最終抑制了對方的怒氣，將事情完美的解決了。

　　掛上電話的那一刻，大家本以為她會情緒低落幾分鐘，可沒想到她立刻又恢復了活寶狀態，像沒事人一樣笑著問大家：「想好了嗎？晚上去哪裡吃飯，做個SPA怎麼樣？」大家看到她這樣的狀態，滿心同情的說：「別裝了，心裡不痛快就說，被訓了這麼長時間，肯定不好受吧？朋友之間有什麼好遮遮掩掩的？」可沒想閨密說：「沒有啊！我一直當她是在唸經，字字句句都是阿彌陀佛。保佑我大吉大利，平安無事呢。」聽了這話，大家又哈哈大笑起來，剛才的種種不快就這樣瞬間化解，沒有任何的尷尬，也沒有任何的抱怨。

　　每個人都是自己情緒的總設計師，而我們一生都在不斷的為自己輸入著各式各樣的情緒密碼。只不過有些時候是刻意的，有些時候卻是無意識的。假如是這樣，為什麼不多為自己輸入一些正面快樂的情緒呢？人生不過數十載，我們真的沒必要拿出那麼多時間來傷感，與其在負面情緒中受困，為什麼不能讓自己永恆的處在快樂積極的狀態中呢？

　　人生的每一天都可以成為新的開始，生命中的每分每秒，該怎樣過、如何過，充滿怎樣的力量，都是由我們自己說了算的。努力去做一個讓別人喜悅的人，成為正能量的載體，幸福的感覺就會與你如影隨形。少一些不安痛苦的思慮，多一份陽光美好的堅持，前方的路必然會越走越美，越走越開闊。

要求：不多事，嚴以律己寬以待人

　　說到「要求」二字，年輕時我是對自己是很有要求、很嚴格的。然而隨著自我經歷的不斷豐富，人也一點點的趨向成熟，我開始意識到嚴以律己，寬以待人的寓意。從此，我由要求很多變成了一個從不多事的人。這樣的狀態反而讓我感覺更舒服，我的生活也因為我的改變而變得更加恬靜、自在。

（1）境界越和諧，人生越自在

　　那天開車出門，老公坐在我旁邊說：「看你工作的時候嚴謹又講求效率，雷屬風行，可開車卻不緊不慢，好像一點也不著急。」我聽了打趣地說：「那是為了讓自己開著舒服啊，不鬥氣，不發火，身邊的人坐著舒服，我也開著舒服。」

　　或許是因為真正的成熟了，人在經歷了一些事情以後，心也一點點的磨平了稜角，那個曾經要求多多，嚴格到苛刻的自己沒了。眼前的自己已經慢慢趨於隨和，成為了一個不多事的人，對待身邊的人也越來越寬容，越來越友好。所以店裡的員工常常說：「我們的院長就是個媽媽，到哪裡都讓人沒有距離感，總是想親近她，總是覺得跟她在一起很舒服。」

　　其實這樣的變化，主要還是來源於自己內心的成長，正如金庸先生筆下的著名人物獨孤求敗，一生用劍所向披靡，求敵不見，卻用整個人生驗證了生命四大境界的真理。

◇第一境界：「鋒利寶劍，剛猛凌烈，無堅不摧。」

　　這個時代的自己，少年英氣，銳不可當，對自己要求很高，心卻猶如浮雲在天上飄。有了一股不知天高地厚的俠情，覺得年輕就是本錢，只要敢闖，只要不斷的修練，世界一定是自己的。

◇第二境界：「凝重鈍劍，舉重若輕，不露鋒芒。」

　　這個時候的自己，妄求以實力取勝，雖然看起來不露鋒芒，其實心裡還是有一股誰與爭鋒的霸氣。看似沉穩，其實要求仍然很多，不過要求的品質要比前者更加厚重，也更切實際。

◇ 第三境界：「木劍一把，輕裝上陣，意在草木皆可為劍。」

這個時候的自己已經慢慢消減掉內心的慾望，開始將剛強轉為柔韌，開始更偏向於追逐內心的嚮往，將世俗的需求一點點的拋到腦後。開始平淡自然的看待周邊的事物，尋找屬於自己心靈的歸宿。這個時候開始努力的活得更像自己，也不斷的探索著一條讓自己走得更平和安詳的道路。

◇ 第四境界：「無劍平凡，不屑帶物，落塵歸俗」。

此時的自己已經不為身外之物所累，名利成敗皆成虛設，人反而活得越來越安逸，人生在沒有任何事物可以加以限制，卻發現平平淡淡才是真。不再張揚，也不再要求，做回本來的自己，做想做的事，成為普通得不能再普通的人，保持良好的涵養，自己舒服，別人也舒服。

其實對於每個人都一樣，從要求很多，到沒有要求，是因為自己走了很多的路，明白了很多的道理，最終才會尋找到生命的真諦。從開始成長，到最終成為，一點一滴的烙印都會結出悟性的果實。當我們以寬容隨和的心態面對這個世界的時候，第一個放過的就是我們自己。

生活中很多人都會犯一個毛病，就是按照自己理想的樣子去要求別人，卻忽略了最關鍵的一件事，那就是那個要求有時候我們自己也無法達到。當我們指著別人說：「你要怎樣怎樣……」的時候，我們的內心或許正在有一個聲音悄悄的問：「當下的樣子，是不是太過苛刻了？」人最怕的就是靜下心來反思自己，提出這麼多要求，自己能不能做到？這麼多要求提出來的初衷是什麼？是為了滿足自己的慾望，還是為了讓眼前的這個人更好？

事實證明，很多時候我們之所以不斷的要求，完全在於自身利益的驅使。我們忽略了每個人都是獨立的個體，有獨立的思想，獨立的處事方式。作為一個有修養的人，我們不應該一味的為了迎合自己的需求，而強

制性的改變別人。因為我們沒有資格去做那個別人的改造者，我們唯一可以去努力改變的只有自己。

　　人生的每一條路都是自己陪自己走過的，假如要我選，必然是要走到獨孤求敗的人生至高境界，假如生命不過彈指之間，提那麼多的要求又有何用？開心做自己，萬事對得起自己的那顆心便以足夠。知道自己要做什麼，最終去向哪裡，人生才不會迷茫。人生不過夢境，用心的把這場夢做得和諧而溫馨，珍惜遇到的每一個緣分，人方便，我方便；人舒服，我舒服，便是再自在不過，再幸福不過的事情。

（2）開始懂得給別人第二次機會

　　假如有一天有人傷害了你，時隔多年又帶著微笑祈求你的原諒，你會做出怎樣的選擇呢？沒有受到過傷害的人，永遠不會理解原諒一個人有多難。這個世界太多人寧可我負人，不能人負我。面對曾經辜負過自己的人，人們大多是板起一張冰冷的臉，輕則發誓老死不相往來，重則伺機而動，希望有一天能報了這個深仇大恨，假如有一天聽到對方時運不濟的消息，即便表情平淡，內心卻猶如過了年一樣歡騰，心想：「啊！終於出了這口氣，惡報終於落到他們頭上了。」

　　其實，隨著歲月的流逝，世界在變，人心也在變，曾經犯了錯誤的人，未必永遠是壞人。他們也會在自己的人生中不斷成長，也會回味往事中的過失，當那些他們對不起的人、對不起的事，一個個的浮出水面，他們的內心也會受到波動，也會滿心虧欠。他們會意識到，因為自己當時的行為給別人所帶來的傷害，心中很可能也在無數次的重複著一句「對不起」。他們或許一直渴望著對方的諒解，希望能夠擁有新的開始，也真誠的希望對方能給自己第二次機會。

其實細細想來，人都是可能會犯錯的，自己會，自然別人也會。儘管想做到事事寬容並不容易，但當我們真的把那份仇恨放下的時候，身心必然是放鬆而解脫的。在我看來，能給予別人第二次機會的人真的很不容易，他們不但要衝破內心受傷的回憶，還要努力的安撫寬慰自己的內心。儘管很多人說寬容別人也是放過自己，但這個過程究竟有多難，恐怕只有當事人自己才能明白了。

記得五年前，我一上班就接到了一封毫無心理準備的辭職信。一個我從一張白紙一點點帶起來的店長，由於年輕，沒有看清誘惑，被別的同行利誘挖角，決定離開「名媛」。當時事情很突然，自己心裡也沒有可以後備的人選，一個人坐在辦公室裡又急又氣。那時心裡真的有很多話都憋在肚子裡，我真想對那個孩子說：「為什麼這麼糊塗，難道在『名媛』這個發展平臺不快樂嗎？」但冷靜下來的我開始分析原因，據我了解，這個要走的女孩本性純樸善良，人品絕對沒有問題。雖然自己決定離開，但她在辭職信的字裡行間都表達著對「名媛」的感恩和不捨。

於是在這個女孩離開「名媛」的一個月內，我不斷的關愛她、關心她。而離職的她一到了新的地方，也很難適應，覺得對方平臺和自己想像的差距甚遠。因為始終保持聯絡，她把自己的遭遇告訴了我，淚汪汪說：「崔院長，對不起，我錯了。這麼長時間您一直這麼關心我、照顧我，而我真的後悔自己這麼武斷的離開『名媛』。」聽到這樣的話，我的心也被她打動了，回想起當年她剛來到店裡的時候，那副懵懂純淨的樣子，又想起她一步步在「名媛」成長的工作歷程，我又瞬間的找回了做「大家長」的感覺。我耐心的開導她、安慰她，並肯定的對她說：「孩子，每個人都會犯錯，意識到錯了也是一種成功，如果你願意，我可以給你第二次加入『名媛』的機會。希望這次，你不會讓我失望。」就這樣，一個月後，我的

小店長又帶著滿臉的朝氣和希望回到了「名媛」的懷抱。經歷了這件事情的洗禮，讓她更加奮發，一躍成為了團隊的榜樣。

　　一個孩子不經歷幾次摔倒就無法學會走路，一個人沒有犯過錯誤，就永遠分辨不出對錯。每個人都會犯錯，別人是這樣，自己也是這樣。上天會用各式各樣的事件教會我們成長，其中就包括如何容納別人錯誤。成熟的人懂得給別人第二次機會，因為他有海納百川的心胸，和俯仰世間的智慧，他們不會因為別人和自己觀念不同，就立刻拒絕排斥，也不會因為事情違反自己的設想就切斷程序，他們做事是不帶情緒的，看問題也會比一般人深刻，而一個更專注於問題的人，往往可以找到最巧妙的方法化解問題。

　　所以，學著給別人的第二次機會吧！儘管我們都知道，走好這一步真的不容易，儘管臉上帶著微笑，深邃的回憶中還是夾雜著隱隱的傷痛。但人是不應該永遠總活在過去的傷痛中，當兩個分開的人重新相遇，重新開始了一段嶄新的旅程，或許給予彼此更多的是珍惜和坦誠，是對往昔種種的寬解與釋然。所以，別把一切想得那麼糟糕，伸出手，將曾經的傷害拋在腦後，用心的給予對方一個擁抱，說不定接下來的路，因為有他的存在會更加美好。

第三章
行美 —— 到位的節奏感，極富美感的行動藝術

　　琴鍵敲擊出的旋律，音符於指尖傾情的流動，一舉一動間都帶著藝術的美感。人的每一個行動也是如此，從目標的起點到完美收工，每一個細節都伴隨著輕快的韻律。但凡是懂這門藝術的人，一定會在行動中調整自我的節奏，無形的與別人擦出火花，在幸福感中傳遞共鳴。試想一下，假如一個人把事情做成了一首輕快的歌，那是一種怎樣富足的美啊！跟隨韻律的節拍，掌握好自己的節奏，你也可以成為一流的行動藝術家。

目標：真正的贏家，心裡只有一個太陽

　　當心中有了理想，一路追夢的過程中，就少不了一個個目標的陪伴。儘管有些時候事情會發生一些變化，但聰明的人總能在目標的指引下，得到自己想要的東西。我常常說：「假如自己的目標是一個太陽，那麼至少我們最後能得到一個月亮；假如我們一開始的目標就是一顆星星，那麼我們只能得到一片漆黑的夜空。」想要太陽嗎？那就把目標訂得遠大點，因為這樣更容易讓自己衝破極限，成為生命真正的贏家。

（1）有誰活出了自己滿意的樣子

　　記得一次和一個年輕的女孩一起吃飯，只見她憂鬱的望著窗外，對我說：「愛麗姐，人海茫茫，每天面對著川流不息的街道人群，我就在想，在這樣繁華的大城市裡，成為自己想成為的人到底有多難？每個人都在努力，但真的每個人都能得到自己想要的嗎？」

　　聽她這麼一說，我鼓勵她說：「想成為自己心目中的樣子，你首先要相信，當下的你就是自己滿意的樣子，這種感覺不是虛擬的而是真實的，你要不斷的用正念暗示自己，那個完美的自己已經來到我的身邊，與這個當下不懈努力的我合併成了一個整體。你要學會轉換角色，讓自己永遠活在理想的狀態之中，如果是這樣，你的人生沒有理由不精彩。要麼目標已經實現，要麼正走在實現的路上，你會感覺到那種夢想在一點點靠近的感覺，越是如此，心裡越是有成就感，越是如此，心中越是有希望。」

　　「目標？愛麗姐，什麼是目標？其實我每天都會替自己訂立一大堆的目標，儘管自己很努力，可就是有天不隨人願的感覺。最後自己都迷茫了，訂這麼多目標有什麼用？除了讓自己越來越緊張以外，生活其實沒什麼太大改變。現在我覺得那些所謂『目標決定一切』的言論都是荒謬的。目標給我的感覺不是希望，而是疲憊。愛麗姐，有時候我覺得身體裡有兩股力量在抗衡，一個在說：『加油，努力！一定能完成你的理想。』一個在說：『你再設立這些亂七八糟的東西，我就把它給吃了，讓你什麼也實現不了。』所以，現在的我，乾脆就把它放在一邊，不在天使與魔鬼之間做夾心餅乾了，愛怎麼樣怎麼樣，天要下雨，娘要嫁人，由它去吧。」

　　我聽這女孩這麼一說，心中沉思良久，對著她的眼睛很認真的說：「親愛的，我想現在的你還沒有搞清楚目標存在的價值，人之所以要有目標，就是不要讓自己太過沉迷於自己的世界，而是要依靠目標來更明確的知道自己想要什麼。人生太短，沒有目標很容易精力分散，方向一迷失，理想就不見了蹤影。其實，成功本不是什麼難事，做好正確的規劃，一步步的走下去，應該就不會有什麼問題。關鍵是太多人在列完了目標以後選擇了放棄。人生在世，自己的事情自己做主，認準了目標，就堅持著走下去，這關天使與魔鬼什麼事？當你把所有的精力都集中在目標的那個點，

相信這股力量一定可以穿透阻礙，順利的把你帶上成功的軌道。」

聽了我的話，女孩用可愛的表情看著我，眼睛裡還有些猶豫，靜靜的拿筷子撥著盤裡的食物說：「其實這麼長時間以來，我的大腦一直是混亂的，不知道自己的未來是什麼樣子。或許我真的不是個目標明確的人……」

「那就給自己一段空白的時間，好好與自己相處，聽聽自己內在的聲音，看看未來滿意的自己究竟是什麼樣子。嘿！親愛的，你有多久沒有跟自己好好相處了？這個世界存在成功，但是沒有一個人是隨隨便便就能成功的。目標可以協助我們找到方向，但當我們設定目標的時候，記得多問問自己目標與自己的意義是什麼？人這一生正反都是活給自己看的，搞清楚這個問題就不會迷茫。我想之所以以前你在訂立目標上出了問題，艱難到自己根本無法完成，一定是因為你沒有把這件事想清楚，把目標訂得恰到好處，趨於合理，才更容易落實。」

「嗯，有道理，可能我以前太迷茫了，追求的東西太多了，所以最後搞得自己都不知道想要成為一個什麼人了。」

「那麼現在就想想自己要成為一個什麼樣的人吧！年輕是你的本錢，目前的你還有很多迴旋的空間。假如自己認準了一條路，那麼就勇敢的朝著金字塔頂端衝刺，精益求精、一絲不苟，三年、五年、十年認準一個職業做下去，你就是整個領域的權威。真正的強大，是別人都在努力的時候，你在努力；別人都不努力的時候，你還在努力；別人準備放棄的時候，你還在那裡努力。或許這時候有人會說你笨、說你傻，但總有一天你的堅持可以證明一切。因為你從一開始就知道自己想要什麼，這一點是最可貴的。」

總是聽到有人說做事難、做事難，但仔細想想，不是因為事情難，而

是因為我們沒有找到最正確的方法。天下本就沒有難做的事，外面的人那麼多，人人每天都在做事，關鍵是你有沒有這個毅力把事做成。做事只是基礎，而真正決定成敗的是你的執行力。每個人心中都有自己理想的樣子，假如你將它視為必勝的使命，那就明確好自己的終極目標，不放棄、去堅持，只要一心正念，方能使命必達。

(2) 直達目標，路邊的野花不要採

這個世界充斥著改變，也充滿了誘惑，選擇多了，煩惱也隨即而來。每個人面對誘惑的時候，臉上都帶著各自不同的表情，他們內心嚮往著得到，卻怎麼也不能全部得到。最終在一路的追逐中一再的錯過，越往前走，越是一片迷茫，這時候才意識到自己是在遭受一場懲罰，流著眼淚問上天成功在哪裡？幸福在哪裡？怎麼自己努力了這麼久卻什麼也沒得到。這時上天無奈的看著他們失落的眼睛，好像在默默的說：「我給了你青春，給了你很多的機會，只要你抓住一個努力做下去，出不了十年就是這個領域的菁英，但你卻從未珍惜，總覺得前面有更好的，這又能怨得了誰呢？」

曾經的我們以為自己有大把的時間可以揮霍，從來沒有意識到機遇正從我們的指縫中匆匆溜走，太多的人在慾望中沉淪，卻也不乏富有智慧的決策者，他們在生命的關鍵階段，牢牢的掌握好了自己的人生，最終穩紮穩打，一步步的走向了屬於自己的光明。所以，在我看來，成功永遠不是偶然的，你需要為自己找到合適的位置，然後用心的在那片天地上認真耕耘，種下幸福的因，也就必然可以收穫成功的果。

記得和一位 1989 年出生的會員聊天，她說自己工作三年了，每個職位待了都不到半年，這三年她一直都在換工作，細數下來已經換了不下七

個工作。看著她滿不在乎的神情，我問她為什麼做著做著就辭職？只見她摸著腦袋說：「覺得不適合自己啊，而且也賺不了多少錢，每次都滿懷憧憬，每次都是失望而歸。我現在好像不知道自己想要什麼了，無所謂啦，反正自己還年輕，就當是嘗試嘗試吧。」

「那接下來的三到五年自己有什麼規劃？」我問道：「假如從現在計算的話，到那個時候你的年齡可就不占優勢了哦！」

「規劃什麼，就是賺很多的錢啊，賺的錢越多越好。」她摸著腦袋一臉茫然的說。

「想賺錢沒有錯，那你有沒有具體的賺錢方法呢？或者說你覺得自己有什麼優勢能賺到這些錢？有沒有想過自己第一年能完成多少？為此應該怎樣改變與提升自己？努力做到哪幾件事才能按時的完成第一年的目標，然後第二年、第三年，每一年的計畫如何才能按部就班的達成？」聽了我這一連串的提問，她一下子呆住了，說自己以前從來都不這麼想，只想找一個薪水多的公司。但不管自己去了哪家都無法幫自己實現錢賺更多的願望，所以最終只能辭職。

於是我拿起筆和她一起做了一個明確的目標規劃。第一年如何找到屬於自己的平臺，並快速的適應，提升情商，處理好人際關係，和團隊相互合作，最終成為職位中最傑出的英才。第二年，可以多承擔、挑戰自我，成為團隊中的領軍人物，實現翻倍的薪資。第三年，具備可以獨當一面的能力，成為平臺和團隊棟梁，成為大家眼中出色的領導者，真正成為總裁身邊的左膀右臂。這時候自己的心量擴大了、視野寬闊了，眼光格局日趨成型，一定可以讓自己的未來更加美好。當規劃做完以後，我也為這個女孩做好了每一個階段的時間點，並鼓勵她一定要朝著自己理想的方向努力前行。

看到目標精細到了每一個步驟，女孩的眼睛頓時明亮起來，她說：「愛麗姐，現在眼前好開闊啊，好像已經看到了勝利的明天，身體裡的每一個細胞都充滿了力量，這種感覺真是太好了！我要是早點認識您就好了，這樣也就不至於渾渾噩噩到現在。」我笑著對她說：「現在也一點都不晚，只要你努力去做、堅持去做，不到五年你一定會有意想不到的收穫，相信自己，一定要加油。」

就這樣，這個女孩滿心憧憬的上路了，還不到三年，她就已經在大城市買到了自己人生的第一間房，並為自己樹立了更遠大的目標，她告訴我她一定要更加的努力，成為計劃力、執行力都超級棒的職場菁英。

方向是對的，做下去就是對的。方向錯的，再能幹也是錯的。訂立目標不能僅憑腦袋一熱，追夢的路上一定要認清誘惑，一個人只有在嚴謹認真、對自己負起責任的情況下才更容易明確未來真正的方向。

只要將一切安排到位，就集中全部的精力去完成它，一步步的踏實前行，才能成為完美結局的締造者。我們都是追夢人，拒絕該拒絕的，堅持該堅持的，路就一定會越走越好。

規劃：我的板塊我做主

有人說目標很重要，但在我看來規劃更重要。目標看的是頂點，規劃看的是格局。一個聰明的人，一定是自我格局策略中最好的軍師，他們會安排好自己手裡的每一個行動板塊，認真地把手裡的棋下圓滿。與其說這是一門技術，不如說是一門藝術。從邁向目標的那一刻起，人生就開啟了一場精彩好戲，時而萬變、時而不變，但最終的目的只有一個，那就是實現夢想。

（1）藍圖是可以邊走邊畫的

小時候的我，老師喜歡、家長疼愛，信誓旦旦的說未來要做一個了不起的人，可這個人有怎樣的了不起，自己並沒有什麼概念，只能跟隨潮流的說：「要建設國家，要利益社會，要服務人群。」後來自己隻身一人來到大城市，人生開啟了新的起點，當時的自己心裡也沒有什麼方向，唯一的方向就是趕緊賺錢幫父母還清債務。於是我開始拚命努力，最終目標實現了，自己也迷茫了，下一步做什麼好呢？一時間心裡沒了方向。

就這樣我開始陷入了深深的思考，我知道人生需要規劃，只有思路清晰才能更好的洞徹未來，於是我將每一天的思考一筆筆的記錄下來，目標也越來越明確，當我把自己要成就的理想精細到了每一個步驟，內心就變得充盈而踏實起來。這讓我意識到，所有的開始本都是沒有藍圖的，只有不斷的規劃，不斷的理清思路，身上的羽翼才能一點點的豐滿起來。我終於知道自己應該做什麼，如何才能成就，我終於知道自己所要最佳化的每一個細節，要完成的每一個目標點，當未來的一切清楚的在紙背上浮現，我開始對自己越來越有信心，因為我相信自己一定可以透過自己的努力將它變為現實。

曾經有人問我：「愛麗姐，什麼是夢想？」我告訴她：「夢想和夢是有區別的，夢再美好也有醒來的一天，而夢想是需要你付出努力，不斷實踐，一步步的將它變為現實的。」在沒有付出行動之前，藍圖再美也是虛幻的，但假如你堅信，並朝著這個方向努力去做，那它回饋給你的必然是無比豐厚的回報。

回想起自己一步步走過的心路歷程，那一本本珍藏起來的日記，就是自己漫漫人生路的最好見證，從國中有了第一個日記本到現在，我從來沒有間斷這種自己與自己的連繫。偶然翻閱，我看到初涉職場青澀的自己，

雖然滿腹委屈、壓力重重，還在那裡一個人默默的為自己打氣。我看到第一次嘗試經商的自己，不到兩個月就賠掉了兩年的積蓄，雖然心酸到淚眼朦朧，卻還是倔強的告訴自己不准哭。我看到為了事業累得腰痠背痛，趴在床上就再也起不來的自己，在那個獨自一人的深夜，費力的記錄下滿心失落與不安。我一次次的問自己：「愛麗，你要成為什麼樣的人？你應該怎樣實現你的目標？你今天所付出的一切都得到了哪些收穫？下一個階段你有什麼打算？你有哪些方面需要提升？哪些必須放棄？你需要遇到什麼樣的貴人？他在哪裡？怎樣才能找到他？」

　　就這樣我一邊思考著，一邊回答著，一邊努力實踐著。我突然發現腦袋的思路越來越明朗了，眼前的世界在思想的提升下煥然一新。不斷前進的勇氣，換得了我更為豐富的人生閱歷，這讓我覺得，自己在每一天都能學到很多東西，每一天都過得無比充實，每一天都距離自己的目標越來越近了。而此時的日記早已不是一本連一本的傷痛史，它搖身一變，成為了我深度思考、規劃自我的有效工具。當筆尖落到紙面的那一刻，我的智慧昇華了，靈感在不斷的迸發，我一邊認真分析，一邊努力解決問題，心中的藍圖就這樣一筆筆有模有樣的被勾勒得越來越清晰，我不但知道自己該怎麼做，還知道怎樣才能把夢想照進現實。

　　回顧過去，再看今朝，如今的自己已經有了翻天覆地的變化，當年那個憂鬱迷茫的孩子，已經蛻變成了一個思路清晰、從容理智的領導者。她再也不會不知所措，再也不會無助驚慌，因為十幾年的風雨歷練，讓她收穫了一顆從容不迫、堅守信念的心。從那一刻起，牢騷藉口不見了，消極抱怨沒有了，字跡中滿滿的都是解決問題的方法，腦袋裡思考的永遠是如何才能更有效率的成功。當秀美藍圖才一點點的浮出水面，心中的航空母艦才真正開始揚帆起航。再不會有人說那都是沒有意義的空想，因為希望

在成功中成長，它在不斷壯大，不斷的在現實中呈現。此時的自己，思想開闊了，行動迅速了，未來明瞭了，方向明確了，此時的自己相信再也沒有什麼能阻擋得了內心的那份堅持。此時的自己終於可以張開雙臂擁抱心中的那份美好，在落實的步伐中笑出自己的強大。

所以，親愛的朋友，所有的開始本都沒有藍圖，藍圖是自己透過後天的努力一筆筆描繪出來的，每一次蛻變都寄託著新的希望，每一次飛躍都擁有著新的高度。這一切都讓我意識到，藍圖不是空想，而是在一步步落實中的昇華，當我們的思想力和行動力被提升到一定的高度的時候，前方的視野自然的會開闊起來。

人生重在規劃，細節在於鞭策，從今天起拿出信心，讓心的藍圖在現實中顯現，堅持到底，勢在必得。

（2）把目標刻上岩石，把計畫寫在沙灘

人們常說：「目標讓我們更靠近理想。」假如理想是一個人的終極目標，那它必然是由不同階段的計畫串聯起來的，可世界每天都在改變，人生也在經歷反覆的無常，假如不能順應這種變化，及時對自己做出調整，總是強迫性的一定要按照自己本來的想法前行，那最終的結果很可能是賠了夫人又折兵。或許這時候有人會說：「佛都說要一心正念，我現在不就是一心正念嗎？」可是你別忘了，佛也說要「善巧方便」。也就是說，即便到了佛的境界，為了能夠更好的度化眾生也會根據眾生不同的境界，因材施教，不斷的調整自己的教學方案，令其破迷開悟，只有這樣才能最終實現自己度眾生成佛的偉大目標。佛都是如此，我們這些人間的凡人更是如此了。

所謂目標與計畫之間的關係，就好比是搭計程車，一上車，司機的第

一句話一定是：「您要去哪裡啊？」這時候你把自己的明確目的地告訴對方，對方才會開始在腦子裡規劃路程，哪裡不塞車，哪裡人少、車少，哪條路走直線距離最近，這才開始踩起油門，又快又安全的把你送到想去的地方。

假如這時候我們自己的目標並不清晰，或者乾脆說自己不知道，讓司機先開著看，那可就為難了人家。遇到了這樣的情況，很可能對方會拒載，乾脆不做這樣的生意，而你也永遠只能待在原地，繼續自己的迷茫。

我常常跟自己團隊成員講：「目標是要刻在岩石上，而計畫是要寫在沙灘上的。」為了實現鐵一樣的目標，我們可以在細節上不斷最佳化、不斷調整，隨著事情的推進，一邊分析、一邊尋找最佳路徑。儘管任何事情都有它的衍生規律，但絕對不會是雷打不動的。假如太固執，覺得自己的計畫已經訂得很好，不能改變，那就等於不知變通，本來沒有絕對的控制把握，還非要讓一切向著自己想好的方向發展，那不是以卵擊石又是什麼呢？耽誤了時間不說，自己還會因為沒完成目標而遭受挫敗感，這是何苦呢？

我認識一個理財顧問，為人非常認真，我也是她的忠實客戶。女孩在工作上非常有智慧，透過和她交流，我不但學到了很多理財知識，而且對於她靈活的計劃能力很是欽佩。

第一次見面的時候，她向我和老公推薦了幾款理財產品，我當時說明了我的情況，覺得她為我推薦的這幾款對我來說並不合適。她耐心的傾聽，同時在本子上不斷的記錄下我的情況、我希望透過理財能達到的收益，以及我的風險承受能力等諸多項目，然後用筆快速畫出曲線圖，並結合手裡的理財產品，對我進行講解和介紹。那天我並沒有直接購買理財產品，在對她表示感謝後，提出自己想回去考慮一下。

始於美麗

── 追尋必尋見，美麗永遠等在前方

女孩也沒有強求，把我送出門以後說：「大姐、大哥如果有合適的理財產品我會通知您。」於是我和老公坐上車，老公說：「讓人家白忙一場了，聊了這麼久也沒有成果。」我笑笑說：「或許以後會有機會打交道吧！看緣分嘍。」就這樣過了幾天，我每天都能收到這個女孩向我傳來的資訊，裡面沒有任何推銷的成分，都是一些關於理財理念、理財諮詢這類的內容，末尾還溫馨的標注著當天的天氣預報，並附上自己溫馨的祝福，讓人感覺非常舒服。

又過了一段時間，女孩打來電話，在問候了我的生活後對我說：「大姐，我最近又對我們的理財計畫做了一個深入的調整，把您的財產增值計畫做了一個全新的定位評估，同時我還拿著方案諮詢了我們公司做理財計畫分析的第一高人，我們的理財部總監，他也給出了很多相當不錯的建議，所以我想不管您在不在我們這裡做理財，都有必要來看一看，這對您擴展自我理財思路很有幫助。我可以把我的理財計畫傳給您，但如果您能來聽我分析講解一下應該會更有幫助。」

於是我又應邀與她見面，聽她細心周到的講解，不但從理財智慧上成長許多，而且對全球金融形勢也有了更深入的了解。短短不到一個小時的時間裡，我學到了很多知識，而她的耐心也深深的打動了我，最終我很順利的成為了她的忠實客戶。

在她的幫助下，我一年的理財目標很快就達到了，她靈動的節奏讓我深深的意識到，變動並不可怕，可怕的是固執。一個思維很靈活，應變能力強的人，是不會被任何固定模式所禁錮的。就好比這位女孩，即便是在經濟並不景氣的時候，也能透過轉變思路，為幫客戶贏得不錯的收益，完成她心中雷打不動的目標。

目標是堅定信念要完成的前方，即便再多的風吹雨打，也不可改變。

而計畫是實現一個個目標的方法，行動是可以根據情況變化而不斷完善的。人都是一邊最佳化、一邊走向成功，正如下棋，做棋子只能是一個落地一個坑，決定不了自己的命運。做棋手就要考慮格局，不斷隨著形勢對自己的計畫做出調整。所以人要認清自己的角色，成為優秀的棋手，靈活調整計畫，才能在目標之戰中所向披靡。

落實：沒那麼難，一邊解決問題一邊找樂子

有人問我：「愛麗姐，人為什麼會來到這個世界上？」我笑笑說：「為了解決問題。小到解決自己心結裡的問題，大到解決地球人都面臨的問題，總之，人這輩子是由問題串起來的，生活就是一個問題接著一個問題。」所以問題沒有那麼可怕，它無非是我們生命的調劑，沒有了它，此生必然會少了很多的樂子。

（1）畏難是最耽誤事情的

人生在世，少不了要面對一些難題，林語堂老先生說：「生活的最高境界就是半玩世半認真。」我們之所以面對困難會痛苦，是因為我們對它太認真，假如這時的自己可以換個角度，將一切看成是閒暇時要攻克的一場遊戲，那狀態就會發生翻天覆地的改變。一個帶著樂趣解決問題的人，總會比帶著煩躁去解決問題的人更能找到快樂。他們不但能把問題解決得很好，還能從中不斷的找到成就感。

其實細細想來，生命不過世間一瞬，有什麼過不去的？又有什麼可較真的？會玩的人即便手裡是把爛牌也能打出精彩，而悲觀者卻在難題面前嚇得瑟瑟發抖，即便是上帝恩賜給他多大的福祉，他也照樣揮灑不出自己的精彩。這就是人與人本質的不同，想要成功，首先要鍛鍊的就是自己的

心理素養，快速的適應環境，快速的找到應對難題的出口，總要比在那裡舉頭抱怨、不知所措強得多。機會會青睞那些主動解決問題的人，畏難是最不可取的，因為它會讓你在懷疑成功的同時，懷疑你自己。

我有這樣一個思慮過多的朋友，一出現點什麼問題就緊張，嘴巴的第一反應是先把責任推給別人，然後自我逃避，盡可能的讓別人去解決問題。有些時候上司交給他一項任務，還沒做呢，腦袋裡就會一大堆的「假如」和「怎麼辦」，這些心理負擔壓得他怎麼樣也透不過氣來。

有一次我恰好坐他的便車回家，他跟我抱怨說上司實在是拿他開玩笑，把不可能完成的事情交給他，什麼垃圾都往他身上倒，搞得自己都不知道怎麼辦，非常狼狽。我聽著聽著就打斷他說：「你不要這麼想，上司把這麼重要的問題交給你解決，證明他很看重你，而你也有這個能力能想出有效的解決方法。事情還沒做，怎麼知道自己就沒辦法呢？同為企業老闆，我最看重的人永遠是那個積極主動解決問題的人，遇到問題能勇敢的站出來請命，面對別人都搖頭的事情，他也能信心滿滿的說：『交給我。』這樣的人以後才能越來越出色，所有的問題見到他都得繞著走。你要有這樣的魄力，才能讓自己日後更有發展。」

聽了我的話，他沉默一會說：「可問題真的很難啊！」「難的是你的心。」我繼續開導他說：「如果你總是害怕它，它就越來越可怕，總是會陰魂不散的折磨你，但是如果你勇敢的去面對它，告訴自己一定要解決它，那它的力量就小了，所有的正能量都到你這邊來了。這就是自己與自己的博弈，你要戰勝的不是問題，而是你自己啊！」

記得十五年前自己第一次登臺演講，雖然已經把稿子背了半個月，但站在舞臺上的時候，腦子還是緊張到一片空白，什麼都想不起來了。拿著稿子的雙手一直在發抖，表現實在讓自己羞愧，恨不得找個地洞鑽進去。

此時心裡的消極想法開始興風作浪，它不斷的在那裡對我說：「你還是不要演講了吧，演講根本不適合你啊。」但好在我並沒有被眼前的一切嚇到，當心漸漸平靜下來，我告訴自己：「愛麗，為了以後不再丟臉，我一定要對此有所投入，最終在講臺上成為最好的自己。」

透過自己不斷的努力，如今的我不論是當著多少人演講，也不會再出現曾經的狀態。站在舞臺上我不但可以瀟灑自如、侃侃而談，還可以充滿熱情的與臺下的觀眾進行互動，與大家一起在龐大的正能量場裡享受愛與幸福帶來的成就感。這一切結果都感恩於那 15 年前的第一次演講，正是因為有了那一次的開始，才讓我下定決心，花費更大的精力和投入進行自我改變，到目前為止，我投入到演講上的學費已經接近千萬，出席參與演講的次數已經多達上千場，而舞臺上的自己，已經越發的從容自信，我不再懼怕聚光燈的投射，不再擔心駕馭不了觀眾的目光，我的內心充滿強大的正能量，它讓我更果敢、更堅毅，它讓我更瀟灑的表現自己，彰顯一個領導者特有的才華與魅力。這時的我終於鬆了一口氣，將不堪回首往事永遠的拋給了過去。

這個世界沒有搞不定的事情，只有搞不定的內心。讓自己活得更高效能的竅門就是徹底掃清心裡的那份畏難的情緒，因為我們要解決的是問題，而不是去想像這個問題有多難。依照我個人的經驗，在難題出現的時候不妨先在心裡列出這樣幾個問題：

1. 關於這個問題，你希望得到的結果是什麼？
2. 關於這個結果，你有幾個方法？
3. 在這幾個方法裡，你認為哪個最好？
4. 你計劃什麼時候開始行動？
5. 需要誰來配合你做些什麼？
6. 什麼時候將這一切大功告成？

有了這樣系統的思維邏輯，做起事情來就更有方向，解決的步驟也更加明確清晰了。

人生想打出一副漂亮的好牌，最先要學會的，就是不畏困難，如果能再配上清晰的思路，無限潛能就會被一點點的挖掘出來。這時候我們會驚訝的發現，原來看似艱難的問題，不過是紙老虎，算不上什麼可怕的事情。一個人只要對自己有信心，便能有效策動自身智慧和能量，成功的處理好一切。

（2）在問題中不斷修行

很多人覺得生活中的難題對自己來說是一種障礙，它的出現讓我們不知所措，讓我們抱怨恐懼，讓我們一時理不出頭緒，不知道事情應該怎樣處理。曾經有個朋友感慨道：「愛麗，雖然書上總說挫敗是人生命中的禮物，但我真的不願意它傳遞到我的手裡，每當面對難題的時候，那種從肉裡長鎧甲的感覺實在是太痛苦了。如果人生真的可以選擇，我想所有人都會選擇陽光大道，讓自己這輩子盡可能順暢快樂些，倘若沒有阻礙，說不定生活會更美好，精彩的成分一樣也不會流失，只是我們心中少去了諸多的痛苦而已。」

每當想起他的話，內心就會莫名的掀起一陣波瀾，我曾經無數次的思考過這個問題，如果一切事情我們都可以有選擇的接受，人生是不是能夠多一些快樂？然而生命就是如此，它為你的故事加入插曲，很多都是無法迴避和選擇的。世界在無常中變換，沒有人能順利擷取關於明天的全部祕密。本來風平浪靜的一天，不知道什麼時候就會捲起一番驚濤駭浪，假如這個時候的我們沒有做好充分的準備，必然會被打得措手不及。但假如我們可以看清世事，以一顆無常的心淡看一切，將一切的悲喜化為生命中的

一場修行，帶著孩子般的童心，去經歷、去體會、去探險，那或許要比遇到事就低著頭抱怨有趣得多。

　　還記得店裡有個小顧客，剛剛踏入職場不久，在一次交流中她向我回憶起了自己的一段經歷：「愛麗姐，記得我剛進公司不到一個星期，上司忽然丟給我一大堆的工作，可這些工作對於毫無經驗的我來說哪那麼容易上手啊？所以當時心裡特別著急，一個人坐在位子上皺眉頭，心裡翻江倒海的全是各種消極。當時我就想，會不會老闆看我不順眼，要辭退我？是不是我哪裡得罪他了？總之自己的心啊，打翻了五味瓶，那滋味別提多難受了。當時心裡就想，完了，這下肯定完了，該怎麼辦？到哪裡哭著發洩情緒去啊！」

　　「那後來呢？」我一邊微笑的看著她，一邊遞給她一杯水。

　　「後來，坐我對面的大姐一句話點亮了我的心燈，她對我說：『女孩，不要想太多，就把它看成一份工作，你無非是在完成你的本職工作而已，除了工作內容，其他的任何事都無關。既然上班就是為了工作，那工作來了就把心態調整好，積極的去面對，一件一件的做好。工作嘛，總是要有的，也總會做完的。讓自己放輕鬆點就沒有搞不定的事情。』愛麗姐你知道嗎？聽了這話，我的心一下子平靜了。」

　　小女孩頓了頓，宛如當年的場景就在眼前：「大姐的話讓我意識到，工作是常態，問題、障礙都是常態，正所謂兵來將擋，水來土掩，工作就是一個難題接著又一個難題，而自己之所以被聘用，就是來解決這些難題的。所以出現了難題沒有什麼好怕的，一件一件的處理就好了。於是我開始以平和的心態看待老闆交給我的工作，最終熬了一個通宵，終於把一切都搞定了。而上司對我的工作表現非常滿意，我也就這樣順利的贏得了他的信任，在今後的工作中我們兩個越來越有默契了。說真的，我發現上司

不是什麼壞人，他只是很敬業，之前是我自己意識判斷上出了問題。前段時間他還在幫我爭取晉升名額，我越來越覺得在他身邊做事很幸福。」

聽了這位小顧客的故事，我開心的對她報以讚許的掌聲，慶祝她在工作中的成長，慶祝她終於明白如何更理性的面對人生。

說到這，腦海中突然想起了這樣一則故事：

一天佛陀與弟子出遊，佛陀讓弟子到小溪取水喝。於是弟子來到小溪邊，看到馬車經過的時候，溪水被馬車的車輪弄濁了。

於是弟子拿著空缽回來說：「世尊，溪水被路過的馬車弄濁了，我們可以再往前走走，前方就是一條河，那裡的水清澈見底，我們可以到那裡取水。」

佛陀聽了，搖搖頭說：「你繼續到小溪邊取水，如果溪水還是渾濁，你就什麼也不要做，在那裡靜靜的等待。」

於是弟子又來到小溪邊，溪水還是渾濁的，弟子便坐在小溪邊什麼也不做，過了一會，一切就沉澱下來，小溪又恢復了往日的清澈。弟子一下明心開悟，通曉了人生真理。

生命中的問題和阻礙就好比是那被弄濁的溪水，當它們在我們的世界中泛起波瀾的時候，不要怕，把它當作一種修行的常態就好，靜觀其變、淡定安詳。只要自己知道該處理好的已經在處理，該做的事情一分也沒落下，就不要再因此而顧慮重重。問題沒有難易之分，它不應該成為我們人生的障礙，花開花落是常態，喜樂悲歡也是常態，讓我們秉持一顆修行之心，將一切沉澱下來，你會發現一切困境通通都是自我意識的假象，這個世界上沒有解決不了的問題，只有化解不了的心境，心舒展了，一切自然明心見性，迎刃而解。

成形：思想富足，明天才會有模有樣

一件美好事物的成形，必然是來源於思想智慧的呈現，每個人都有將美好照進現實的能量，關鍵在於你的思想是否富足。站在思想的至高點看問題，就會發現人生跟自己當初想的截然不同，它是那麼有活力，那麼有朝氣，那麼充滿無窮的創造力，而幸運的是，你剛好就活在它的軌跡裡，積聚力量，努力創造著自己的奇蹟。

（1）高度有多少分，成就就有多少分

井裡的青蛙，坐在井底唱歌，一輩子沒有邁出那個圓圓的洞，有一天一隻老鷹路過此地，對青蛙說：「你為什麼不跳出來看看外面的世界？你知道外面多精彩，天有多遼闊嗎？」青蛙不屑的說：「有什麼精彩的，不就是那麼圓圓的一塊地方嗎？」老鷹笑笑，飛上蒼穹，在天空中俯瞰世界，繼續做自己藍天中的王者。

思想的高度決定了成就的高度，這個世界上太多人只注重眼前利益，最終做的全是丟西瓜、撿芝麻的事。主要原因在於思想高度沒有上到應有的層次，才會看不到世間還有比撿芝麻更重要的事情。

一個創業三年的朋友問我：「愛麗姐，每天看到你們『名媛』社群都是感恩文化、團隊文化，總做這些有什麼用啊？我覺得就認真做生意就好了嘛！開公司的主要目的是做生意，把產品做好，提升業績，把錢賺到口袋裡就可以了，為什麼要耗費那麼大的精力做這些？這些可都是燒錢的事啊！」

聽了他的話，我笑著點點頭說：「在剛開始創業的那三年，我和你是一樣的。可現在我的想法早就經歷了蛻變，我開始意識到利潤只能代表企業的現在，只有團隊凝聚力才真正決定企業的未來。在很多企業挖空心

思留不住人的當下。我們『名媛』有一大批和它一起成長發展起來的老員工，在『名媛』工作長達 5 年、8 年、10 年、15 年的員工比比皆是，而這才是我心中最寶貴的財富。」

朋友詫異的問：「那『名媛』難道不是您的嗎？留下員工的目的不還是為了爭取更高的利潤嗎？」

我搖搖頭說：「企業不是某個創業者的，它是一個實現整體團隊創業夢想的載體。從更昇華的角度來說，它屬於整個社會和國家。只不過在做事情的開端，上天把這顆創業思想的種子，放在我們這些創業者的心裡。讓我們把它當成夢想，並努力實踐夢想。」

話說完，我拉著他一起看我們「名媛」每年團隊裡孩子們提升能力、格局、視野的培訓安排，以及旅遊和遊學的修練安排。告訴他每到年底「名媛」就會把所有孩子的父母都接到總公司歡聚一堂，一起來聽孩子在「名媛」成長和收穫的總結匯報。當他知道每年「名媛」在這些方面的投入就要上千萬時，人一下子驚呆了。嘴裡嘟囔著：「愛麗姐，我覺得你真的快瘋了，這些都不是什麼賺錢的營收，全部都是在投入，你所收穫的回報在哪裡呢？」

看著朋友一片不開竅的神情，我問了他這樣幾個問題：「第一，想一想你的公司經歷過集體離職的現象了嗎？第二，當公司有危難的時候，身邊有幾個員工能夠站出來說要和你風雨同舟？第三，除了公司股東外，公司是否會出現你在的時候一切運轉正常，你離開沒幾天就一切變樣的局面？」

聽了我的問題，朋友仔細思考，最終承認這些情況他都遇到過。

「那就是了！我看著他的眼睛認真的說：「這就是企業能不能強大起來的癥結。假如這幾件事都得不到圓滿的解決，你還指望公司始終業務良好、發展正常嗎？管理者不是滅火器，而應該成為企業防火牆的設計者，

讓團隊把企業當成家，每一天所付出的努力都是為了讓這個家更加美好，那種感覺要比僅僅把工作當成一種謀生工具的感覺強上億倍。企業是一個共同發展的平臺，讓團隊裡所有的孩子的錢包都富裕起來，頭腦充實起來，思維開闊起來，那麼誰還能阻斷得了企業迅速發展的態勢呢？所以做企業，不能只看眼前利益，要把目標放長遠。先讓員工看到希望和未來，企業才能擁有真正的希望和未來。」

曾經看到有一位老闆在自己的書中寫道：「我的願望是公司每一個員工都是千萬富翁，就連打掃廁所的阿姨手裡至少也能得到幾百萬的存款。這樣團隊才能更穩固，整個企業才是一片欣欣向榮。」和那些把錢算計到錢眼裡的領導者相比，人家的眼界和思想早已經高出了好幾個層次，這樣的人怎會沒有成就？

思想的高度直接影響到一個人成就的高度，把眼光放長遠，才能真正在意義上拓寬自身的發展，做企業如此，做人也是如此。所以，不斷努力的去學習思考吧！讓自己成為翱翔於天際的王者，而非那個只能坐在井裡，越活越沒有餘地的青蛙。

（2）最好的總結，就是和自己待一會

曾經問過一位老師父，怎樣才能讓自己生活得更有力量。老師父想了想說：「假如事情已經落地成形，不論好壞，都放輕鬆。晚上臨睡前，獨自一人靜坐內觀，將自己一天的功過做一個總結，哪些好，哪些不好，心裡都做到清清楚楚。第二天早上，躺在床上再想一次，然後將一切放下，因為新的一天要有嶄新的面貌，過去給我們的只有經驗教訓，把它像糧食一樣吃進心裡，就等於在心裡種下一片福田，日積月累，幸福就會與你如影隨形。」

時隔多年，我越來越覺得老師父的話充滿無上的智慧。當一件事情經過自己的一番努力塵埃落定，心裡最應該思考的不是那些是是非非、悲悲喜喜，而是應該努力從中吸取養分，讓自己在下一個人生階段更加美好。

老實說，我是一個非常善於總結的人，每一天做了什麼，有什麼感悟都會用筆記下來，即便是深夜凌晨，不把這件事做完也是萬萬無法入眠的。休息的時候，我會盡量留給自己一些獨處的空間，點上一枚小小的精油燈，放上舒緩的音樂，坐在沙發上邊喝茶邊思考。

這個時候我會問自己這樣一些問題：

1. 這一週整體來說過得怎麼樣？計畫都落實了嗎？
2. 有哪些細節還有待完善？
3. 我對待事情的態度是否正確？
4. 有沒有什麼事情牽動了我的情緒？
5. 面對選擇，我的每一個都選對了嗎？
6. 我有沒有在某些地方出現失誤？
7. 我是否真的做到與人為善？
8. 下一個星期，我應該以什麼樣的狀態面對挑戰？

當問題一一的排列在那裡，我開始把自己的感覺和想法寫在空白處。沒有所謂的善惡褒貶，不帶任何的情緒牽絆，而是站在冷靜的角度去看待一切，用心的與自己交流，完成一段又一段對話。

經過一番冷靜的總結後，我會將最重要的部分用最簡短的話總結出來，可能是一句話，也可能只有幾個字，總之剩下的必然是濃縮的精華。我將這一切寫在一張便條紙夾在錢包裡，閒來無事的時候，就拿出來看看，將這一字一句深深的印在腦海裡。

　　就這樣一直堅持，時間長了，我發現自己的思想力和行動力有了很大的改善，做起事情來也更加得心應手，思考變得更有條理，說話也更加有邏輯和清晰。每當遇到難題，頭腦就會快速反應出應對策略，以至於讓辦事效率日漸提高的我，心中充滿了喜悅的成就感。

　　哲學家叔本華（Arthur Schopenhauer）在其《人生的智慧》（*Aphorismen zur Lebensweisheit*）中寫道：「只有當一個人獨處的時候，他才可以完全成為自己。」這話說得一點不假，一個人獨處的時候可以很好的看清自己，並很輕鬆的認識自己的優缺點，對自己進行最有效的總結。我們不會擔心這個時候被看穿，因為在獨處的世界裡，只有我們自己，而當自己面對自己的時候，是最不應該說假話的。

　　獨處讓我的生命充滿了無盡的力量，當自己拋開諸多雜亂和干擾，一個人安靜的與自己相處時，就會感覺心靈正在身體裡安住，眼前的一切都變得無比安詳和踏實。或許有些事情以前自己來不及想，但是今天有時間了，或許有些細節自己從來沒有意識到，但是發現了，或許有些想法一直都不明朗，現在終於開悟了。總之，獨處是一種全然美好的感受，它讓我們更清楚的認識自我，也更坦然的接受自己。

　　記得有一次我一個人在佛堂誦經，一個員工在工作中與自己部門的同事溝通不順暢，心裡非常委屈，跑來向我訴說。我傾聽她的訴說，然後溫暖的看著她。用慈祥撫慰的眼神凝視她的苦澀和煩惱，努力讓她感受到愛的力量。我們一起傾聽佛堂裡慈悲無邊的《六字大明咒》，整個過程中彼此沒有說一句話。十分鐘後，這個女孩終於從煩惱和抱怨中解脫出來，帶著放鬆的喜悅對我說：「崔院長，謝謝您，我知道都是我的錯，是我想得太多，要求太多，才會有這麼多的痛苦。從今天開始我要降低要求，增加自己的幸福感。」

用獨處的方式多給自己留出一些空間，靜下心來反觀自己，傾聽內在心靈的回饋，不斷的對自己進行總結，嶄新的自己才會破繭而出，散發出更新鮮的活力。一件美好事情的成形，就是這樣在一次次總結中不斷累積昇華的結果。每天和那個渴望寧靜的自己獨自待一會，你會在它的映照下看到自己最真實的樣子，而當驚喜接二連三的向你走來的時候，你就會明白這一切是多麼值得，多麼重要。

久於智慧

—— 生命一大樂事，找到自己與智慧的焦點

亞里斯多德（Aristotle）說：「德可以分為兩種：一種是智慧的德，另一種是行為的德，前者是從學習中得來的，後者是從實踐中得來的。生命在智慧之光中綻放，情感在智慧之水間柔和。生命的一大樂事，就是找到自己與智慧的焦點。智慧在哪裡，我就在哪裡，先放下自我的無知，才能看到不一樣的世界，堅定自己腳下的路，才能真正與那個心想事成的自己不期而遇。

第四章
定位 —— 拋開世間好與壞，我們先來談談自己

　　有沒有問過自己，這輩子要成為一個什麼樣的人？他在此生將經歷一番怎樣的故事？縱使世間風雲變幻，一心向著太陽昇起的地方，天總會跟著亮起來。或許生命就是一個不斷相信、不斷堅持、不斷聚焦、不斷前行的過程，策動宇宙的能量來實現自我，時刻保持成功者的狀態，高傲而堅定的抬起頭，讓整個世界為自己讓路。

定力：一心向上，讓整個世界為你讓路

　　人的定力對自己有多重要？它能在眾人迷茫的時候，思路清晰，泰然自若。它能在誘惑的魔媚下，從容不迫、立場堅定。成功與失敗不過是無常世間的曇花一現。心如明鏡，映照著初始，也折射出未來要去的方向。這個世界上沒有什麼不能成就，只要一心向上、持守定念，就沒有做不成的事情！相信嗎？你自己就有這個力量，讓這個世界為你讓路。

（1）心定了，根基就扎實了

　　什麼是格局？格局是你看待這個世界的眼光；格局是自己對自己自身價值的評估；格局是一種思維昇華下自我胸襟的開闊。眼界越寬，格局越大，而僅僅看到了是不行的，想實現它，就要把它一步步放到現實中來，讓它在時間的規劃中一點點趨於穩定。正所謂萬丈高樓平地起，再好的格局也需要根基，這個世界誘惑很多，稍微一不注意，樓房就蓋偏了。但是假如自己能夠專注的先打好地基，即便是日後真的出現什麼地動山搖的險

情，也不要著急，因為自己對格局的根基有自信，只要格局穩定，未來就一定不會受到太大影響。

那麼怎樣才能讓自身的格局穩定下來呢？首先最重要的一點，搞清楚這輩子努力的方向，然後不論發生什麼都雷打不動的沿著這個方向努力，直到贏得自我成就的那一天。

曾經最欣賞的一位導演，李安導演的經歷深深地觸動了我：

年輕時候的李安深愛電影，決定考取美國伊利諾大學（University of Illinois）的戲劇電影系，可畢業以後發現自己根本找不到工作，他拿著自己的劇本走遍了所有電影公司，始終都沒有任何收穫。

就這樣度過了六年的時光，每天能找到的工作，只有幫劇組看看器材，做點剪輯助理、劇務之類的雜事。直到三十歲，李安還沒有實現自己的夢想，每天沒有正式的工作，只能靠妻子微薄的收入度日，而那時候他們已經有了自己的第一個孩子。

正當李安決定放棄電影夢想，考慮其他職業的時候，妻子卻很認真的對他說：「李安，要記得你心裡的夢想！」聽到妻子的鼓勵，李安萬分感動，終於沒有放棄，而且更加努力的研究電影，撰寫劇本，最終成就了夢想，成為拿到小金人的華人電影導演。

每每想到李安的經歷，我都會對他和他妻子的格局意識深感欽佩。而後再聯想自己，心裡會由衷的產生一種共鳴。

很早以前，我就把從事美業訂為我的發展目標。因為我是一個愛美的女子，心中對美有著強烈的渴望，也真心希望透過自己的努力能讓身邊人變得越來越漂亮。就這樣我從一個對美業一竅不通的門外漢，開始一點一點的學習、摸索。

其實一開始並不容易，我的資金不足、知識有限，在這個城市遇到

的朋友也不多，為了能有快速的發展，還經歷過上當受騙的困境，這讓本來生活就很拮据的我變得雪上加霜。那時候也有人說：「開美容院哪有那麼容易，你以為做美容的顧客都好對付啊？稍微一個不留心，說不定就會遭遇人家劈頭蓋臉的訓斥。這還算輕的，要知道你經營的可是人家最重要的臉啊，萬一真的出現了事故，你承擔不了這個責任的，還是算了吧。」

那時候雖然壓力很大，但好在自己都挺過來了。我告訴自己，想做的事情就要把心定下來，心定下來了什麼事情都能解決，這是自我格局的根基，一定要把它打得扎扎實實的。於是我不但努力的學習美業知識，甚至把自己的臉用來測試，將給顧客用的產品一樣一樣在皮膚上檢驗，確定沒有傷害，才放心的用在顧客臉上。

為了能讓自己的美容醫院具備更權威、更專業的技能和實力，我獨自往返韓國無數次，親歷當地各家權威美容醫療機構，與他們交流思想、暢談合作。力求將每一個細節落實到精準，最終實現了「名媛」醫療美容產業的快速升級。回想曾經，我真的感謝自己沒有放棄，儘管一路走來有太多的不容易，可如今再去回味，種種的心酸和苦澀總是在談笑間一筆帶過，因為我知道我已經收穫了更多。

格局的根基在哪裡？格局的根基就在我們心中。只要想得到，就定下這顆心，不顧一切的去實現。靈感對於每個人都是公平的，只要你相信，你就能把它變為現實。假如賈伯斯（Steve Jobs）只是腦袋想一下不去做，就不會有今天的蘋果，而「名媛」也是如此，凡心中所嚮往的，我們都能透過努力在現實中呈現出來，只要堅持不懈，只要根基扎實，越是有風雨，越是會使我們更加堅強。

（2）我敢在「得到」的懷裡孤獨

　　每個人都要在人生中獨自走一段路，理想最初給予我們的不是耀眼的光環，而是無盡的孤獨，在你沒有成功之前，沒有人會知道你經歷了什麼，也沒有人會在乎，而只有你真正咬著牙挺過了黑暗，完成自己的目標，大家才會把聚光燈指向你，而這個時候的你才有資格感慨，微笑著告訴別人自己走過這一遭的經歷。

　　所以古人云：「天將降大任於斯人也，必先苦其心志，勞其筋骨，餓其體膚，空乏其身，行拂亂其所為。」儘管年少的時候自己並不理解其中真正的含義，但當一個人經歷了、成長了，心裡就會明白，它確實是一個人走向成功之路的必修課程。

　　記得一次開車長途出差，我們總共前後兩輛車，車上坐了 8 個人，一共有 3 個司機，計劃 6 到 7 個小時到達目的地。可沒想到行程中途，遇到了高速公路修路，大家無奈必須改變車程路線，這時候兩輛車也開散了，沒辦法同時停車、同時休息。當時我開的車上全是女生，而且除了我之外沒有合格的司機。而跟對方約好的時間是明天上午，因為下午他就要出差。

　　這可怎麼辦？為了不耽誤事，我跟幾個女生商量，決定一路不停車，直接把車開到目的地，可即便是這樣，也要開 13 個小時的時間。起初大家還比較有精神，有說有笑，都說自己扛得住。但五、六個小時以後，就一個一個睡倒在後面，而這時候的我也很疲憊，為了不打瞌睡，我努力嘗試各種方法，唸經祈求能量的加持、不停的找加油站，用涼水洗臉。就這樣在後面的行程裡，我這個身高 158 公分、體重 54 公斤的小個子，獨自開著車，在經歷十次冷水洗臉後，終於獨自把車開到了目的地，時間也沒有晚，一看錶才早上六點。回想這一漫長的旅程，那獨自一人面對的漆

黑之夜，再想想後座將安全全部交給我的幾個小女孩，心裡終於鬆了一口氣。

當大家知道我一個人開了這麼長時間的車時，都紛紛心疼的下車幫我按揉肩膀、舒緩頭部。但我卻從中悟出了一個道理。人生的旅途中，大部分時間都是一個人在面對問題，而面對這些問題的時候，不是每次都那麼幸運能夠找到幫你的人。假如選擇放棄，你就等於放棄了成功，假如你不想放棄，那就只能選擇前行。

孤獨常常會給人帶來一種無助的感覺，覺得自己的力量太小，連個一起出主意的人都沒有。但事實上只要這時候的你選擇堅持，那麼自身強大的能量就會被激發出來，讓你更加睿智、更有能量。也許在每個人的生命裡都會有這麼一段難熬的時光，在這場考驗中的自己特別累、特別迷茫、特別想放棄。但是堅持住，熬過來，天就亮了，春天就來了。

正如這次車程，儘管要穿越漫長的黑夜，儘管瘦弱的自己要獨自面對，儘管當時的我很累、很疲憊，面對黑暗很迷茫，但不管怎樣，還是能在約好的時間準時到達目的地。這讓我意識到，孤獨並不可怕，只要耐住這番磨礪，就可以得到自己想得到的一切。

曾經聽過這樣一句話：「不要在乎光在哪裡，忍住漫漫黑夜裡的孤獨，始終朝著太陽昇起的地方奔跑，天總會亮起來。」耐住孤獨是成功者本該具備的特質，這個世界沒有什麼得不到，關鍵看你能不能掌握好內心的這份定力。把黑暗定回過去，把光明定到明天。

聚焦：兩個以上的目標等於沒有目標

力量鋪在一個面，面積越大能量越小，但是假如我們可以聚焦在一個點，能量就會凝聚起來，形成強大的穿透力，擊碎困境，直達自己實現夢

想的彼岸。所以人這輩子不要涉及太多的方向，看準一個點努力做下去，總有一天你會成為這方面的專家。

（1）能量有限，別亂撒網

有一次和同修喝茶，她感慨的說：「愛麗，你說這個時代的年輕人不努力嗎？我覺得也不一定，因為在我眼皮子底下就有很多非常努力的年輕人，可他們的人生卻沒有因為自己的努力而得到什麼改變，你說這是為什麼？」我聽了也是丈二金剛摸不著頭腦，心想，只要努力怎會實現不了自己的目標呢？於是我下意識的搖搖頭說：「不知道，為什麼啊？」同修拿起手裡的茶杯，輕輕的將水撒在桌面上，又用壺斟了一杯新茶，對我說：「就如這水，凝聚在杯子裡，它有分量，但如果撒在桌子上，你還能感覺到它的輕重嗎？之所以實現不了理想，主要還是因為自己把能量分散了。」我聽了立刻覺悟，人生的力量有限，聚焦不了，必然無法成就。只有將能量聚焦到一個點上，才能更有穿透力直達夢想。

這讓我想起了朋友公司兩個都很努力的小女生。兩個小女生在同一家公司，同樣做設計，也同樣為了生計努力的賺錢，下班以後還找兼職來補貼房租。第一個小女孩找工作不分類別，只要工作給的薪資高，即便自己對這個行業並不了解，也會努力的接下工作。在短短的一年時間裡，她做過外語家教、圖書翻譯、打字人員、企劃文案編輯等各式各樣的兼職，每每談到兼職這個話題，她都很得意，覺得在工作之餘還可以感受一下其他職業的新鮮感也是件不錯的事。但時間一長，我作為上司的朋友就發現了問題，這個女孩的本職工作開始越做越糟糕，連一些很明顯的錯誤她都看不出來，開會的時候也是心不在焉，不知道在想什麼。還沒到下班時間就開始整理東西準備走人，之後才了解到，原來是已經約好了一份英語家教

的兼職工作。而在上班時間，她也很難全心投入，總是在檢視一些與工作無關的資料。然後將資料複製下來做成資料夾，寄到自己的信箱裡，之後才明白，原來也是為了那些兼職工作。

最終在接到一份客戶投訴後，朋友忍無可忍，終於決定將這個女孩解聘，送她走的時候說話也說得相當不客氣：「你不是喜歡兼職嗎？現在我就徹底放你自由，你去盡情做兼職吧，這份工作不適合你，現在就給我走人。」於是這個女孩因為過分的在意兼職，而最終失掉了自己真正的飯碗，儘管悔恨的淚水滴滴答答掉，一切也已經來不及了。

另一個女孩就要比這個女孩聰明得多，她也做兼職，但是對兼職有著自己明確的選擇，只接與自己本業相關的設計兼職。每天白天她認認真真的專注做好自己的每一個工作細節，力求把自己的設計能力練就得爐火純青，下班以後，她還是以繼續做設計兼職來補課，用心的研究設計技巧、設計美學等多方面的專業知識，並不斷向高人請教，在自身設計專業水準上進步卓越。不到一年的時間，這個女孩就在朋友的公司脫穎而出，從一個基層的小設計，成為了公司頂級的設計部總監。再後來，小女孩離開公司成立了屬於自己的設計工作室，生意做得風生水起，她所做出的每一個設計方案都讓顧客相當滿意，也因此在業界小有名氣，擁有了更好的發展前景。

那時候朋友跟我講起了這兩個女孩的故事時說：「人和人的差別就這麼大，很多人說成功是不公平的，但我覺得成功很公平，關鍵看你怎麼選擇。同樣的起步、同樣是缺錢、同樣是需要兼職，一個能量分散，最終只能被辭退；一個能量聚焦，將自己蛻變成了業界菁英，怎麼兩個人差異就那麼大？有時候我就想，人不能只看眼前利益，儘管職場上有很多看上去利益豐厚的工作，但那很可能是一份大量分散你精力、消耗你能量的工

作，時間一長，能量是很容易被耗光的。但是如果你能集中精力做一件事，將所有的能量聚焦到一個點上，即便是一份再簡單的工作，也能把它做出成績來，這絕對是成功的客觀規律，順應它，少有人不能成功。」

聽了朋友的話我感同身受，每個人都有實現夢想的能力，有的人順著明確方向一直走，為了心中的那朵紫薇花，即便路上遇到再多誘惑，也不會停下腳步，最終就得到想要的一切了。有的人一路左看右看，即便最終到達了目的地，心中嚮往的紫薇花也已經凋謝了。一個人的選擇決定了他一輩子的成敗，人生就是如此，切記別讓能量過於分散，因為光陰有限，專注的去成功總要比漫無目的的亂撒網更容易實現夢想。

（2）滴水穿石，次第花開

有一次無意中上網看到了一個網友在社群裡寫下這樣的文字：

「現實太殘酷了，來到大城市闖蕩那麼多年，仍然孤零零一個人住在套房裡，照理說現在薪水已經不算低了，卻總感覺與這個大城市的繁華格格不入。有時候心裡會想，管它那麼多呢，刷爆信用卡買個包包自己先過個癮，以後的生活再說，起碼自己也能做個手裡有名牌包的女子了。可最終到了結帳排隊的時候，還是退縮了，這樣的生活什麼時候才能結束啊，難道自己這輩子真的就只能這樣了嗎？」

看了這段文字，下面的網友留言說：

「熬不下去就回家啊！只要你覺得可以放棄，就回到老家，去領一份一萬多塊錢的薪資，繼續住在擁擠不堪的房間，過永遠都買不起口紅、包包的生活去。等到談婚論嫁的時候，你就將就著嫁，然後生一個跟你要玩具你卻買不起的孩子，只要你能為曾經那個堅持不住的自己買單，那麼誰都不會對你有什麼意見。朋友啊！誰是隨隨便便成功的？人生最重要的是

堅持，一心正念，才見水滴石穿，你以為那是一天的工夫嗎？向著你想要的生活努力，不管有多難，都要咬牙堅持，這樣才能贏得上天的青睞，贏得別人的敬重啊！」

看了這兩段文字，自己內心感同身受，當夢想在一個人心裡埋下幸福的種子，很多人都會滿懷熱情的走上憧憬之路，心想一定要努力、一定要堅持，一定要等著這顆種子開花結果。然而當困難降臨到自己身上，眼前遭遇艱難的時候，有些人的心就開始動搖了，心想，這麼努力做什麼？努力了半天可能到時候夢想的種子還是會死掉的，與其這樣不如自己找一條別的路走，說不定會更容易一些。於是他們偏離了預期的軌道，漸漸放棄了心中對理想的渴望，只有不服輸的人會繼續選擇堅持，他們用心的呵護培育著這顆理想的種子，直到它生根發芽、成長壯大，結出纍纍碩果，直到自己獲得豐收的喜悅，直到成為尋夢旅程中真正的贏家。

記得剛剛創業時的自己第一次經歷了彈盡援絕的生活，窮困潦倒到拿著存錢罐裡僅有的一千塊錢硬幣度日，算了算時間，這一千塊錢至少要撐一個月。於是我每天的菜只能是雜貨店裡的五香花生米，再配上饅頭就是自己一天的飯。那時候每天下班回家，聞到街邊誘人的蔥油餅香，心裡就會癢癢的想：「假如能買一個多好，又解饞、又吃得飽。」但最終還是沒有停下，直接騎著腳踏車去菜市場，買最便宜的豆芽，回去炒菜，這樣不但能解決晚飯，還能夠解決明天中午的帶飯問題。

當時有幾個同鄉到我租的房間來看我，面對我的窘境，她們不住的搖頭說：「你這是幹嘛呀！為什麼要這麼辛苦？即便是幫人帶小孩的工作，吃的也比你現在好，風吹不著、雨淋不著，還有住的地方，不是挺好嗎？你看看你現在都兩年多了，把自己弄得那麼疲憊。這又何苦呢？」另外一個同鄉說：「我幫別人賣衣服一個月賺兩萬多，男朋友還給我錢花，再過

一年多我就結婚了。你看看你天天苦成這樣，連一頓飽飯都沒著落。你還這麼年輕，但青春不等人啊，好好玩玩，談個戀愛，要不然你以後一定會後悔的。」

聽了這些話，我只是笑笑，但內心卻很堅定，因為我知道自己想要的是什麼，為了成為自己想成為的那種人，我會凝聚我所有的力量，因為我相信只要肯堅持、肯努力就一定能夠創造水滴石穿的奇蹟。

就這樣五年以後，我不但走出了困境，而且創業成果初見端倪，相比於那些收入勉強應付溫飽的同鄉姐妹，我已經在這個大城市有了屬於自己的第一間房子，而十年後，我又擁有了自己的美業連鎖機構和團隊，生活一步步開始朝著自己理想的方向靠近，而二十多年後的今天，一切美好如約而至，我擁有了幸福的家庭，擁有了可愛的女兒，擁有了良好的生活環境，和充足的積蓄，我終於成為了我想成為的人。

水落在石頭上的時候，伴隨著滴答聲，它的內心是柔韌而剛強的，今天經歷的考驗沒有什麼，那都會成為你日後享受幸福生活時的精彩回顧，當我們把全部的努力聚焦到一個點，就能擁有無堅不摧的力量。我們都是富有韌性的水滴，只有堅持到底，才能盼到次第花開的那一天。

善信：我相信自己一直都在成功

其實我們經常受到內心的指引，意念中會有無數靈感顯現。大多數人都知道自己最渴望成為的樣子，只不過他們在能不能成為這件事上心生疑慮。其實這些都是沒有必要的，要想實現願望，人只需要學會相信自己，然後帶著這份十足的信心，提前進入自己意念中的成功狀態。這不是一件困難的事情，但卻能給我們的整個人生帶來無盡的力量。

（1）別拿憧憬，只當憧憬

有一次面試一個女孩，我問她：「你對未來有什麼想法？你覺得最終你能成為一個什麼樣的人？」她閉上眼睛想了想，開始向我描繪她的偉大願景。「我想三年內在這座城市擁有屬於自己的房子和一輛豪華轎車，我想最終實現財富自由，到世界的每一個角落走走看看，我希望有一天自己的銀行戶頭裡存滿了一輩子都花不完的錢，我希望有自己的事業，這份事業恰巧就是我喜歡做的事。十年後，我希望自己已經是這份事業業界的佼佼者，當然最重要的是我希望自己永遠年輕，擁有恆久的知性，至少每年要讀夠 100 本書。」

我聽了笑笑說：「聽起來還不錯，你對實現這一切有信心嗎？跟我說說你的計畫好嗎？怎樣實現這一個個的目標？」她撥動了一下披在肩上的長髮，表情突然有點尷尬說：「儘管我非常知道自己想要什麼，但是說實話，想實現這些願望實在是太難了。我這樣一個剛從校園裡走出來的女孩，沒有背景、沒有經濟基礎，經常覺得眼前一片迷茫，那些美好的願景經常在我夢中浮現，可是我卻不知道怎樣去實現它。這就好比那句流行的句子：『夢想越美好，現實越殘酷。』」

我聽了這樣的話，搖了搖頭說：「對不起，可能我這次不能給你這個工作機會了。」她聽了這話頓時緊張起來：「崔院長，我到底哪裡做得不好？我可以改，我很在乎這份工作，無論如何，求您給我一個機會。」我攤開兩手說：「不可能了，你連自己都不相信未來美好能成為現實，對自己的願景充滿著這麼多抱怨和疑惑，又怎麼能在工作中發揮出最出色的一面呢？我真的不相信你能夠把這份工作當成事業來做。正如你說的，現實很殘酷，但殘酷的背後往往藏匿著無限量的可能，但你心中的悲觀和抱怨很可能導致你無法接收到這層強大的力量。所以我也沒有必要對你承諾

太多，因為你無法對這種承諾深信不疑，而我也對你心中的疑惑愛莫能助。」

就這樣，這個女孩傷感得離開了，看著她的背影，我心裡也是無比的惋惜，她的條件不錯，學歷也不低，但是我還是做出了最果斷的決定，因為我知道人生最重要的一件事就是要相信自己，假如連自己都不相信自己會成功，又有誰能幫助你實現夢想呢？人只有先做到相信，讓自己活在自己的信念裡，才能拿出百分之百的勇氣去努力、去實現，正所謂「我信故我成」說的就是這個道理。

人生有時候就是這麼奇妙，假如我們的思想不在自己的掌控之中，很可能會在我們的生活中製造各式各樣的困境，正所謂「怕什麼就來什麼」。你越是害怕忘帶鑰匙，結果就真的就忘了，你越是心裡想：「萬一失敗了怎麼辦？」它就偏要讓你失敗一次看看。一件事在各種擔心和沒自信狀態的包圍下，結果往往都不盡如人意，你越是對生活充滿擔憂和抱怨，它就越會用倒楣來懲罰你，而很多人在接受了這樣的懲罰之後，還是不知道自己錯在哪裡。

著名作家朗達·拜恩（Rhonda Byrne）曾經這樣感慨道：「我們都在受一個威力無窮的自然力量支配，那就是吸引力。」人的意念是強大的，它猶如一塊磁鐵，可以在無形中吸收到來自這個世界上的各種能量。我們生活中所發生的一切，往往都是我們自己內心的對映，快樂與悲傷、膚淺與深刻，你的意識總是可以在有形無形間吸引那些與你思想相符的東西，這種意識之下的引力可以吸引到所有與自己當前力量同類的事物。每個人都有心想事成的能力，關鍵看你怎麼有效的經營好你的思想和意識。

既然人本身就是能量的載體，上天也把選擇能量的權利放在我們自己手裡，為什麼不去好好珍惜，並不斷的努力將美好的一切吸引到自己的世

界呢？如果我們可以堅定自己的信念，對明天的美好深信不疑，並不斷的朝著這個方向努力，那麼明天必然會給你帶來豐厚的回報。

所以要相信自己是完美人生的創造者，假如人生是一場電影，那麼一定要讓這場電影裡的每一個鏡頭都充滿能量和情感。將一切美好的情景納入自己的思想，然後帶著深信不疑的堅定一步步的去落實吧！對於這件事，不要憂慮、不要抱怨，也不要回頭，因為只要你帶著滿腔的熱忱向前走，美好就在身後跟著你，直到永遠。

（2）讓整個宇宙都來幫助你

每到春節前夕，我總是會一個人在家中做一項非常周密的作業，這種習慣已經沿襲了很久，而且對我的幫助非常大。

首先我會對自己一年的情況做一個總結，然後開始動筆寫下新一年的計畫，比如：這一年事業要提升到一個什麼高度？每一個月都要堅持讀多少本書？每天要拿出多長時間進行體能訓練？要享受怎樣的度假旅行？銀行帳戶裡的數字至少要增加到一個怎樣的數字？在這一年裡至少要完成多少件善事？要幫多少位團隊成員實現夢想？要在哪些學習項目上加大投入？自己要在哪些地方完成自我蛻變？

問題問完以後，我會在每一個問題的後面加上倒數計時的時間點，以此來敦促自己一定要完成自己記錄下來的所有願望。然後闔上本子，深呼吸，一種幸福的感覺油然而生，我不斷的用暗示的方法告訴自己：「現在你已經活在你所規劃的美好藍圖中，要堅持，堅持成為心目中那個美好的自己，現在你已經開始美好了，這是一件多麼快樂的事情啊！」

就這樣，我帶著新的一年最美好的計畫和願望走上旅程，並對這一切的實現深信不疑，時間一空下來的時候，我就會走進佛堂，攤開自己的計

畫認真閱讀三遍，然後閉上眼睛調整呼吸，將這一切美好的事物映入腦海，努力的暗示自己：「它們正在實現，它們正在實現，堅定信念的你，已經贏得了宇宙最偉大力量的幫助，一定要堅持、堅信，一切美好就會一個一個走進你的世界。」

在一次次暗示中我感受到了強大力量的加持，每當雙眼睜開，身心就會充滿無盡強大的力量，宛如已經看到了成功的現實。我開始更加有熱情的投入到工作和生活，開始努力的完成自己計畫中的每一件事，即便是遭遇困難，也會不斷的告訴自己：「這不過是考驗，翻過這座山就能看到彩虹了。」就這樣，我每一次都可以順利的完成計畫，而人生就在這樣不斷強大的自我暗示中，實現了一個又一個目標。

師父說：「人的心靈是一個內在的小宇宙，這個宇宙與天地是相感應的，只要自己的心定下來，相信自己所能成就的，宇宙的力量就會受到感召來加持你，幫你實現心中所想實現的一切。這聽起來很虛幻，但卻是永恆不變的真理，它是宇宙能量的規律所在，掌握了這一規律，你就能實現自己想實現的願望。」我把師父的話深深的記在了心底，不斷的給予自己暗示，不斷的用正能量與自己交流，不管當下的自己正面對怎樣的挑戰，我都會不斷的對自己說：「一切都會好起來的，我一定能完成自己要完成的目標，宇宙是愛我的，我也是愛宇宙的，所以拜託，讓我成為最好的自己。」

在我的這種習慣感召下，團隊的很多成員都開始用這種方法為自己設定目標。每一天早晨，他們都會給自己幾分鐘進行冥想，用自己的真誠與自己內心的小宇宙溝通，告訴自己在這嶄新的一天裡，我要做一個幸福快樂的人，要對每一個顧客奉獻愛心，要將每一件工作做到完美，因為自己正在向著偉大的終極目標不斷邁進。而這種人生策略確實收效甚快，在這

樣強大的自我暗示下，每天的他們看起來都更加優秀了，而且充滿活力和信心，即便是遇見一些困難，也不會影響到他們的心情。而最終，每一個努力的孩子都看到了自己堅持的成果，全公司每年都有許多孩子實現了自己階段性的勝利，並獲得了企業的明星獎勵，這讓他們對自己的明天更有信心了。

有一次店裡的一個女孩感激的對我說：「崔院長，你太偉大了，創造出這樣富有力量的暗示技巧。我現在覺得我的每一天都充滿了力量，對於明天也不再迷茫了。我現在也堅持每天寫日記，把自己的目標作為大大的標題列在上面，並不斷寫出文字鼓勵自己。每天早上照鏡子的時候，都會用真心去讚美自己，告訴自己：『未來的你，一定會感謝今天持之以恆、不懈努力的自己！』我現在已經實現了自己的第一個目標，擁有了一間自己的房子，下一個目標是我要送父母一間房子，讓他們為我的成功而開心驕傲。」

聽了女孩的話，我的心裡非常欣慰，能量是互相吸引的，我很開心能夠將這種對於美好強大的吸引力傳播給更多的人，讓更多的人和我一起在宇宙能量的加持下越來越幸福。人生的過程，本應如此，不是在享受成功，就是正走在落實成功的路上。讓每一個目標成為必將實現的驚喜，只要自己相信，整個宇宙的力量都會匯總凝聚起來幫助你，讓美好在自己的意料之中如約而至。

管理：不出五年，用管理改變人生

真正巧妙的自我管理，絕對不會只注重眼前利益，而是把目光駐足在更遠的地方，即便是人生中真有所謂的捷徑，那也遠遠沒有內心規劃好的偉大遠景重要。找到自己的格局，定下心，妥善的管理好一切，只要你真的懂得自我經營的藝術，出不了五年，人生就會有翻天覆地的變化。

（1）有一種贏，叫有選擇的過人生

人這一生，究竟怎樣才算真的贏呢？每天走在街上，看到那麼多為未來為家庭奔波的人，不知道有多少真正過的是自己想要的生活。曾經有一位同鄉感慨說：「愛麗啊，我們不像你，你現在已經是有了成就的人了，我們每天即便是再累，也得想辦法找事做，要不然孩子怎麼辦？家裡到處都需要錢，說真的，很多工作我真的不愛做，可也沒辦法，現在找工作多難啊！花錢的時候特別容易，但賺錢真的比登天還難。」

我想了想問：「你說這座城市裡有多少人過的是自己想要的生活？」閨密聽了撇撇嘴說：「別鬧了，想要的生活？過想要的生活得看你有沒有這個本錢，我倒想開跑車、住別墅呢！手裡沒錢，夢都夢不到啊！哎！你就說現在的年輕人，大學一畢業對周圍情況一無所知，好多人找破了頭都找不到工作，最後沒辦法，做的都是一些高中畢業生就能做的事情，你說讀那麼多書有什麼用？」

「這跟錢的關係有那麼大嗎？」我繼續好奇的問。閨密冷笑說：「怎麼沒關係？即便是老祖先說要安貧樂道，但人家說的是一種與世無爭的人生境界，並不是不讓人積極進取。如今的社會，你安於貧窮試試，只要家裡真有一個人生了大病，立刻天崩地裂，到時候還怎麼安貧樂道？更別提過什麼自己想要的人生了，你連吃飯的錢都沒有，怎麼感覺人家那種人生境界，都是瞎掰的。」

聽了閨密的抱怨，我沒有發表太多自己的看法，在我看來人生真正的贏，不在於你擁有怎樣的地位和財富，而在於你這輩子終於找到了自己喜歡的事情，而這件事恰恰可以用來謀生。我們可以永久的沉浸其中，一邊享受快樂，一邊全身心的工作，在做出成果的同時，擁有豐厚的物質回報。這種生活狀態，才算是真正的贏了。

　　經常聽到一些年輕人抱怨：「我現在都吃不飽飯，我還有什麼選擇？我還有什麼資格選擇自己想要的人生？」每每聽到這樣的話我都會搖頭。回顧成功者的心路歷程，很多人都是白手起家，兩手空空闖事業。就連清朝被稱為紅頂商人的胡雪巖，最初也是靠倒賣糧食存下的手裡第一筆錢。要我說，一個人有沒有資格選擇自己的人生，關鍵在於你有沒有做好自己的定位，如果你想開一家屬於自己的星級餐廳，再沒錢也可以想盡辦法找到一家自己最傾慕的餐廳工作，哪怕就是端盤子，你都能從中學到很多東西。假如你未來想成為一名優秀的形象造型師，那就先找一家一流的店面去做學徒，因為所有高階的造型師都是先從學徒做起的。如果你想成為一位優秀的企業家，那最好的方法就是找一家麻雀雖小，五臟俱全的創業公司，不在乎錢、不在乎薪資，努力辛勤的一邊工作一邊學習，三年之後你就會看到自己與眾不同的樣子。

　　每個走在成功路上的人，都必然會經歷從沒選擇，到有選擇的蛻變。起初我們可能會對自己不滿意，不滿意自己現狀，不滿意自己的出身，不滿意自己的收入，也不滿意自己的相貌。但正因為有了這份動力，我們才會下決心在有限的生命中不斷改變。是啊！我們都要改變，也都在改變，所有經歷過的事，所有你做出的決定，沉澱下了你的昨天，也在無形中造就了你的明天。

　　每個人都有實力擁有美好的未來，也都有資格過上自己想要的人生，但首先要做的事情就是對自己的思想、選擇和目標進行有效的管理。或許有些時候我們會覺得想做自己真難，但是假如我們換一種思考方式，把它看作是一種堅持，或許就要容易得多。就算做自己再難，自己還是自己，總比成為別人的翻版要好得多。既然人生真正的贏，就是擁有做自己的資格，那麼它絕對不會是一種簡簡單單的得到，但即便那麼難，你還是始終

走在做自己的道路上，這是一件多麼了不起的事情。

三毛曾經說過這樣一句話：「若是心中不喜歡，百萬富翁也不嫁，若是心中喜歡，千萬富翁也嫁。」道理很簡單，找到自己喜歡的事，愛自己喜歡的人，然後用心的進行自我雕琢，一邊愛自己，一邊去努力，但凡是自己愛的，就緊緊的把它抓在手裡，但凡是自己不愛的，即便再豐厚的誘惑也視而不見，人生就是這麼簡單，想快樂也很容易，關鍵看你怎麼想，有沒有好好的管理自己。

（2）能量內耗其實很可怕

因為曾經走過一段孤獨的路，遇到傷痛的時候找不到可以傾訴的知音，所以有一段時間自己覺得對於朋友，最好的關心就是做他的忠實聽眾，用心的傾聽他的故事，成為他宣洩自我的出口。但隨著自己一天天走向成熟，我開始意識到，這種結交朋友的方式是不可取的，它不但會在時間上消耗自己，還是一種自我能量的內耗，假如你沒有強大的定力，很容易受到對方的影響，將本來剛剛平穩下來的自我，再次開始凌亂起來。

我有一個心理醫生朋友，一次吃飯聊天的時候，我對他打趣的說：「你們心理醫生現在非常受尊重啊，一有不開心的事情就會找到你們，把你們當成可以解決問題的活菩薩，好像一見到你們就充滿力量，真的讓我欽佩不已，說實話，我真的好羨慕你，假如我也有這樣的力量該有多好？」

聽了我的話，這位朋友笑笑說：「如果你沒有百分之百的定力，在意識中正確劃分好自己的世界和對方的世界，你會很容易受到對方的影響，明明美好的一天一下子就變得昏天暗地，不但無法把對方帶出黑暗，自己也會站在那裡跟著淋雨。愛麗，你能想像得到這是一種怎樣的能量內耗

嗎？如果一天見一個病人還好，假如一天要見到好幾個受到不同問題困擾的病人，在你感性勝過理性的不穩定階段，你將會受到怎樣的影響啊！你不是懂得吸引力法則的道理嗎？你想想我的工作性質就會明白，保持自己內心永恆的正能量到底有多難！」

聽了他的話，我內心深受震動，隨後也深刻的理解了。生命中有很多可以消耗我們能量的人和事情，他們可能就在你身邊，而且正和你保持著很親密的關係，但不知道怎麼，只要一碰到他們就是一股腦的負能量，以至於一接到他們的電話和簡訊，內心就開始緊張，一天的好心情頓時晴轉多雲。

我曾經就有個朋友關係一直非常要好，但在來往的過程中我發現，這個人對我造成了大量的精神內耗。每次和她通電話的時候，她都是一堆的抱怨，起初我還會耐心勸解，為她提供一些解決問題的方案，但後來感覺這一切都發揮不了作用，她想要的就是找到一個人宣洩自己的負面情緒。當時間一分一秒的在我眼前流失，老實說心裡真在隱隱作痛，本來準備十一點前準時入睡的我，到了凌晨還在那裡被迫舉著電話，明天的事情已經滿滿的排在那裡，如果明天狀態不佳，無論對腦力還是體力都是不小的挑戰，我真的很想打斷與她的交流，卻不知道怎麼開這個口。

就這樣到了凌晨兩點，講完電話的我，好不容易才把身體拖到了床上，而白天工作的時候覺得頭總是昏昏的，怎麼也提不起精神。就這樣一而再、再而三，不但我自己對她的奪命連環 CALL 越來越恐懼，就連老公看到我疲累的樣子都著急了，他敦促我趕快掛掉電話，並很嚴肅的對我說：「愛麗，這樣的朋友實在太耗人了，開心的時候不找你，只知道向人傳遞痛苦，每個人活著都很不容易，為什麼還要因為別人的痛苦消耗自己？更何況你已經告訴了她解決問題的方法，再拿著電話說個沒完有什麼意義呢？」

　　聽了老公的話，我覺得很對，每天有那麼多的事情要我去做，每天有那麼多陽光的人可以給予我力量，我為什麼要用別人的痛苦懲罰自己呢？這不是自私的問題，而是一個拒絕自我內耗的過程，想讓自己活得更輕鬆，先要從管理好自己的時間和能量做起。

　　著名詩人魯米（Rumi）曾經這樣說：「不要和一位憂鬱的友人長坐。當你去花園，你是去看刺，還是去看花呢？花更多的時間是和玫瑰與茉莉在一起的。」世界如此美好，自己欣賞都來不及，哪有那麼多時間在那些負面的事情上消耗自己，想讓自己更幸福、更輕鬆、更喜樂的活著，首先最重要的一點就是要學會有效的規避不必要的能量內耗，將自己全身心的投入到有意義的事情上，每個人的時間都很寶貴，不能總用它去傾聽無休止的抱怨。

第五章
個性 —— 打造最有面子的品牌效應

　　生活中有人問我：「愛麗姐，怎樣才能擁有成功？」每到這時，我總是嫣然一笑，因為成功的路有千千萬種啊！回顧往昔，一路走來的經驗讓我意識到，真正成功的真諦就在於找到那個真實的自己。專注的去做事，勇敢的去超越，找到自己擅長的方向，追求自身完美的品格，這不就是對自身品牌的打造嗎？每個人都是自己的總設計師，有了獨一無二的自己，往往就有了想得到的一切。

天賦：有特長的人，頭上都自帶光環

　　每個人來到這個世界上的時候，上天都為他準備了一份厚禮，這份厚禮就是在他身上所蘊含的天賦。人生是一場奇特的旅行，找到自己內在閃光的金子，它足夠可以讓你受用一生。不要說自己沒有天分，不要覺得自己太過平凡，當你的獨特在人前大放光芒的時候，你一定會驚訝的說：「想不到自己還有這麼一雙神奇的翅膀。」

（1）所謂天賦，就是讓你不累快樂去成功

　　很多人覺得生活在這世界上很辛苦，不知道怎樣才能輕鬆快樂去成功。對於這個問題，我也想了很久，最終總結出來一個方法：「向內挖掘，找到屬於自己的內在天賦。」

　　在我們的靈魂深處，都儲存著一個豐富的寶藏，它的力量無比強大，可以幫助你實現各種願望。然而我們的生命是有限的，需求也是有限的，

想在有限的時間內充分享用其中的全部寶藏並不容易，但聰明的人總是可以快速的找到一條與寶藏完美連結的途徑，這條途徑就是我們自身的內在天賦。

當一個人來到這個世界上的時候，上帝賜給了每個人一份厚禮，用心的安排好了他們的職業，只要他們願意付出努力，用心的去挖掘，總會尋覓到屬於自己的成功。但遺憾的是，很多人在關鍵時刻卻放棄了。他們一邊抱怨著沒有選擇，一邊把自己本應選擇的一切放到了一邊。從此背上了無比辛苦的人生，開始一段自己並不喜歡的旅程。

生活中我們經常聽到老一輩的人這樣評價年輕人：「這小子天生就是做這行的料。」「我敢肯定祖師爺是看上他了。」這就是在說：「你要在這方面好好下工夫哦！你在這個領域很有悟性和天賦。」正所謂三百六十行，行行出狀元，只要自己選好了定位，就不要輕易的放棄，因為我們手中有自信的本錢，那就是天賦。

三年前和老鄉一起吃飯，只見飯桌上的他一臉的愁容，於是我好奇詢問出了什麼事，他無奈的苦笑說：「還不是因為我那不懂事的兒子。」

老鄉告訴我，兒子本來是考上了第一志願的醫學院，可前段時間未經父母允許自己就擅自退學了。問及原因，兒子的答覆是：「在這裡太無聊了，我對所學的內容一點都不感興趣，我喜歡的是語言，隨隨便便就搞定英文檢定考試，你能想像嗎？語言對我來說不費吹灰之力，如果是這樣，為什麼非得在大學浪費時間，抓緊時間多學幾門語言，未來的我照樣出類拔萃。」

老鄉越是說，越是生氣，可我卻覺得這個男孩很可愛。人生的成功不僅僅只有上大學這一條路，假如自己真有天賦，翻譯又是自己最喜歡做的事，只要堅持下去，前途未必不明朗，於是我問老鄉的兒子現在在幹嘛，

老鄉嘆了口氣說：「哎，還能幹嘛？買了一屋子的書在那裡看，全是外文，什麼英語、法語、日語、韓語的，你也不知道他要幹嘛？回頭學著學著，腦袋都亂了，再生了病，我可不伺候他。」

「那就是了，說明他並沒有荒廢人生啊。」我忍不住要為這個孩子說句話：「我覺得只要他堅持下去，未來的前途說不定要比順利從醫學院畢業還好。關鍵是孩子喜歡，為什麼要勉強他做自己不願意的事情呢？有句話說得好，條條大路通羅馬，誰說他選的就不是走向成功的路？」

三年後，我的推斷得到了驗證，這個男孩在三年內學會了幾種外語，各個達到了精通的水準，當他自信自己已經可以把語言掌握到爐火純青的地步，便和幾個志同道合的朋友開了國際語言翻譯公司，每天的訂單絡繹不絕，很快就在業界小有名氣，據說前段時間翻譯的韓國小說，還拿了一個翻譯大獎。

當我再見到老鄉的時候，他的臉上神采奕奕，一提到兒子，腰桿總是挺得直直的，一邊微笑，一邊得意的說：「這小子現在一個月賺得不少，也不知道這本事遺傳到誰，總之是越來越上道了。」

男孩之所以會成功，主要原因在於他清楚的明白自己有什麼，也深刻的知道自己想要什麼。他在關鍵時刻緊緊的把天賦抓在手裡，讓自己可以帶著興趣走在成功的路上，這就是天賦對於一個人的魅力所在。人生在世最幸福的事情莫過於做自己想做的事，越是喜歡，越是有興趣，就越可以輕輕鬆鬆的成功實現，最大限度的實現自身價值。

如今很多年輕人面對職業的時候都很迷茫，不知道自己有什麼，更不知道自己該做什麼。對於這樣的情況，我只想簡單的告訴他們：想要成功，首先要做的就是努力的了解自己。明確的列出一個單據，將自己有的、沒有的，透過努力可以實現擁有的通通都寫出來。然後再根據自己挖

掘出來的特質，對照著到人力銀行網站上，找一份可以鍛鍊自己的工作，或許起初你並沒有意識到這份工作對你有多重要，但是當你切實的從中找到了自己的興趣，生命中的每一天就會因此綻放出綺麗的光彩。

有句話說得好：「天生我才必有用。」世界每天都在變，我們唯一能夠掌握的就是自己手裡的優秀特質，努力的將自己的天賦挖掘出來，讓自己真切的看到自己的與眾不同，你就會發現原來自己生命中還安插著這樣一雙翅膀，它可以帶你去飛翔，輕輕鬆鬆飛在成功的路上。

（2）什麼是最適合自己的謀生工具

有次看電視，關注到了一位房地產大亨的專訪，在專訪中他談到：「當我拿到人生的第一桶金後，很多人建議我可以嘗試新的投資方向，有人要我造汽車，有人要我做網路，甚至還有人鼓吹我去做航空，但我思前想後，覺得這都不可靠，因為自己最擅長的事情還是蓋房子，而且從心裡真心的喜歡蓋房子，所以最終決定，我還是繼續去蓋房子吧！」

雖然對方並非語出驚人，但大大地觸動了我，他讓我意識到，所謂最佳的謀生工具，與薪資和地位無關，而是跟自己喜歡不喜歡有關。假如自己的職業能和興趣保持一致，我們便將其稱其為事業，假如職業和興趣都不在同一個調上，即便是薪水再高，那也不過是一種謀生的工具。這也是為什麼有些人每天朝氣蓬勃，有些人每天渾渾噩噩。

當我們離開象牙塔的那一刻，一所嶄新的大學就無形的向我們敞開了大門，它的名字叫做社會，而分到不同的專業就細化到了你所從事的職業。在人生的漫漫旅程中我們的大部分時間都是在工作中度過的，因此工作為我們帶來的不應該僅僅是一份薪水，更多的應該是內心的那份成就感和幸福感。

久於智慧
—— 生命一大樂事，找到自己與智慧的焦點

　　曾經有人問我：「愛麗姐，夢想和實現之間到底有多難？」我想了想，很認真的告訴她：「其實實現夢想一點都不難，先找到最適合自己的謀生工具，然後精益求精的把事情做好，出不了五年你就能成為業界的專家。」

　　我認識一個女孩名叫楠楠，身材嬌小的她，畢業於名校，由於成績優異，人還沒走出校園就已經接到了好幾張 Offer，都是很有發展前途的大公司，但金融專業的她一點都不喜歡這樣的工作，相比之下她更喜歡音樂和美食。她告訴我，她最想實現的夢想不是銀行裡有多麼驚人的數字，而是到不同國家看不同的風景，品味當地最道地的美食，並將其一一學會，分享給所有自己認識和不認識的朋友。

　　為此，楠楠建立了自己以美食為主題的社群網站，在社群裡，不但有她尋訪各地蒐羅品嚐的美食照片，還有她對每一道美食的評價，而後更驚人的是，她還會親自下廚、錄製影片，教會粉絲這道菜的做法。在這個虛擬的小世界裡，楠楠不但是一流的美食家，還是一位可愛的風味大廚，不到一年，社群裡的粉絲就超過百萬，很多有名的餐廳紛紛邀請她去做客，品嚐名菜，並對自己的餐廳進行推廣。楠楠也因此開啟了人生的嶄新一頁，創辦了自己的美食廣告公司，生意異常興隆。她不但實現了自己走遍世界、探訪美食的願望，還將這件事變成了最適合自己的工作，活潑開朗的她，結識了一大群志同道合的事業夥伴，大家每天在一起開心快樂的工作，為了自己的興趣，也為了大家共同的夢想。

　　一件事，交給一個不感興趣的人做是受罪，但交給一個很感興趣的人他就能從中得到享受。最適合自己的謀生工具，可以讓自己在工作過程中尋找到更多的快樂，同時也可以在興趣的指引下更好的提高工作效率，提升自身的職業高度。所以不管未來的世界會變成什麼樣子，你最愛做的永遠都是最適合你謀生的利用工具。

一個人，一旦發現了自己愛做的事，就會忘記時間、空間，來不及去考慮其他的慾念，他會在不斷的鑽研中尋求昇華和改變，他會把一切看做是很有趣、好玩的事情。那種情感，就好比古人詩裡說的那樣：「衣帶漸寬終不悔，為伊消得人憔悴。」一個人可以為自己深愛的事業盡忠，卻無法在自己不感興趣的事情上得到滿足。所以給自己幾分鐘靜靜思考一下，在你有限的生命中，你最想做的事情是什麼？你真的已經深深的愛上它了嗎？如果答案是肯定的，那就毫不猶豫的衝出去做吧，因為那才是你最該做的選擇，錯過了一定會後悔，但僅僅把它抓在手裡，人生就會越走越美。

專注：你的使命容不得半點差錯

一件事要麼不做，要麼就把它做好，認真的人對每一件事都會精益求精，不會讓任何其他的事情分去自己凝聚的力量，之所以如此不斷的渴求，只因為內心身負的那份使命感，每個人都在為自己做事，都在對自己負責，每一個作品是自己內心世界的折射，誰也不想讓自己的人生因為一時敷衍而淪為他人眼中的瑕疵品。

（1）認真的人，嘴裡沒那麼多「隨便」

現在人與人之間的交流中總是有意無意的溜出這樣一句口頭禪：「隨便，怎樣都可以。」對於「隨便」這個詞，人們大多把它用在交際上，暗示對方不要緊張，自己沒那麼挑剔，是很好相處的。

但對於一個認真的人來說，「隨便」這個詞是絕對不會輕易說出口的。在他們眼中，但凡是規劃好的事情，就一定要無條件無理由的貫徹執行。要做就要做到最好，不然就乾脆不做。

在我看來，對於任何一件事，都可以進行三個層次的劃分：

1. 你去做了嗎？
2. 做出結果了嗎？
3. 做出極致了嗎？

假如一個人只做到了第一步，那麼在他的眼中，那無非是一件事情。假如把事情做到了第二步，那也只能說他可以做到持之以恆，但假如他能力做到第三步，那說明他是一個對自己很有要求的人。這樣的人不論從事什麼行業，不管走到哪裡，都是最受人歡迎的那一個。

一個人能不能成功，未必一定要在大事上才能品味出他的才華，因為生活是由一連串的小事組成的，認真的人會努力完成好生命中的每一個細節，越是追求極致，越是要求精準，在他們眼中，一切抱怨和理由都是無能的表現，真正明智的成功策略只有做，努力做、專心做、精緻做，帶著成功者的心態去做，直到把它做到無可挑剔。

這時或許你會說：「人活著已經很累了，為什麼一定要那麼較真呢？一切不過是小事情，一定要對自己那麼苛刻嗎？」是啊，一切不過是小事情，但人生就是一個小事情連結著又一個小事情。細細想來，人這輩子經歷的大事有限，但小事卻是連綿不斷的，如果你真的對這些細微末節的小事降低要求，那麼很可能你放棄的將會是自己的整個人生。

曾經在書裡看到這樣一個故事，令我深受啟發：

一個科學家，發現了一個真理，為了驗證它的真偽，它讓這個真理經歷了無數次的可怕驗證，並設計了無數嚴格到苛刻的實驗項目，以至於最終差點把它送上斷頭臺。經過這樣反覆的折磨和踩躪，真理很難過，它向科學家抱怨說：「您發現了我，為什麼要這樣對待我？」而科學家一邊做

著實驗一邊回答:「因為你是我的孩子,我對你必須高標準的要求,因為我希望即便是我不在世了,你依然可以屹立不倒,永恆的在這世上造福生命。」

　　每每讀到這裡,都撼動著我,人生一世,最美的樣子莫過於他認真的樣子。一個認真的人,心中的目標是非常明確的,一件事情從一個念頭到逐漸成型,他們在每一個細節中,都傾注了自己百分之百的專注和耐心。他們希望事情落實得與自己想像的一樣好,所以付出行動的時候一定要力求完美。

　　我有一個店長,就是這樣一個對自己相當有要求的人,在她的人生字典裡從來就沒有「隨便」兩個字。每一天她都會對自己的工作進行認真的安排,力求每一個細節都要做到無可挑剔,她替每一位顧客都建立了相當詳細的檔案,並針對其不同的服務項目逐一最佳化到每一個細節。

　　在下屬眼中,這位店長是一個思路清晰、要求嚴格的上司,一件事不做則已,做就要做到力求完美。大家從來沒有從她嘴裡聽到過模稜兩可的回答,雷厲風行是她慣有的工作作風。在她嚴謹的管理下,大家誰都不敢馬虎大意,即便是再微小的細節也要努力做到精益求精,也因此獲得了大量客戶的認同和好評,大家都說:「讓這家店服務,真是一種最極致的享受。」

　　一次去她店裡視察,看到她專注工作的樣子,我笑著問道:「為什麼要那麼較真啊!你覺得你跟別人有什麼不同嗎?」她笑笑說:「我沒有較真,只是認真,我不但要對別人負責,更重要的是要讓自己心裡踏實。如果真要說有什麼不同,那我想也不過只有兩點,第一,我非常知道我想要什麼,也知道怎麼去得到。第二,面對手裡的每一件事,不做則已,要做就要把它做好。」聽了她的話,我滿意的點點頭,拍著她的肩膀說:「怪

不得從你嘴裡從來聽不到一個『隨便』。」沒想到她的表情突然嚴肅起來，認真的對我說：「在認真者的世界裡，沒有半個『隨便』可講！」

這個世界沒有隨隨便便的成功，只有對自己從未嚴格要求的人。當我們全心投入到一件事情當中的時候，最想達到的目標一定是把它做好。假如這個時候腦袋中冒出一個「隨便」，那很可能就在我們一念的懈怠下功虧一簣。所以從今天開始，不要再輕易把這個詞掛在嘴邊，我們不需要多餘的解釋和理由，因為在認真的人的世界裡，最不該有的就是它。

（2）不分心，將精神融入精品

曾經在一本書上看到這樣一個故事，讓人印象深刻：

法國知名作家莫泊桑（Guy de Maupassant）小時候遇到了著名作家福樓拜（Gustave Flaubert），他得意的對這位大作家說：「我每天的生活安排得可豐富了，我上午用兩個小時來讀書寫作，然後再用兩個小時來彈鋼琴，下午會花費一個小時跟鄰居叔叔一起學習修理汽車，然後用三小時踢足球，到了晚上，我會去燒烤店學習怎樣製作燒鵝，每到了星期天我就會跑到鄉下去種菜。」福樓拜聽後微笑著說：「我的生活也很豐富，我每天上午用四個小時來讀書寫作，下午用四個小時來讀書寫作，晚上，我還會用四個小時來讀書寫作。」

聽了這話，小小的莫泊桑好奇的問福樓拜：「那你的特長是什麼呢？」福樓拜淡定的回道：「寫作。」這時候莫泊桑一下子悟出了一個道理：「原來特長便是專注地做好一件事情。」於是，莫泊桑聽後自愧不如，立刻拜福樓拜為文學導師，和他一樣專注的從事讀書寫作，最終獲得了豐碩的成果。

我常常跟身邊的員工說：「一個人在一個行業用心做五年以上，那叫專業，十年叫權威，認真負責的研究做上 20 年，大多能夠成為業界相當

有影響力的人物，關鍵看你有沒有堅持。」這個世界如此美好，不管你深入到哪個領域，上天都會給你成就的機會，只要你能夠對它長時間的保持專注，就一定能從中收穫意想不到的驚喜。但縱觀歷史，真正在自己領域做出成績的人總是屈指可數，大多數人在時間的長河中並沒有留下自己的名字，主要原因恐怕還是在於自己沒有完善好自己的專注力，也沒有真正意義上把自己的精神全身心的融入到鑄就精品當中。

不專注的人總是會在很多事情上分心，最終將本應集中的力量不斷分散，不但自己腦袋一團混亂，就連想幫助他的人都不知道怎麼幫他。

我曾經就遇到過這樣一個男孩，當時他正在做保險，恰好我有這個需求，便找他諮詢，當時對他印象很好，覺得他認真細心，很有朝氣，離別時一邊送我一邊說：「大姐，如果有什麼人需要保險，您一定介紹給我啊！」我笑著點點頭說：「放心吧，如果能幫上你的忙，我一定會幫的。」

就這樣過了大概半年的時間，有一個朋友說要買保險，我一下子想起了他，就趕緊打電話給那個男孩，告訴他有生意介紹給他。結果只聽電話那頭抱歉的說：「大姐，我不做保險了，我現在在做保健品，您有朋友需要可以找我。」於是我很遺憾，只能說：「好吧，等我有朋友需要一定幫你介紹。」

又過了一段時間，我與朋友聊天時，聽到朋友有購買保健品的需求，便打電話給這個男孩告訴他有生意，結果對方又是一番抱歉說：「大姐，我現在在做服裝，開了自己的小店，您有朋友需要服裝的可以來找我。」這一次，我態度冷淡了，認真的告訴他：「年輕人，一個人想在這輩子做出成績，最好的方法就是專注於一個領域，把它做精、做好，假如你能夠花長一點的時間用心經營一項穩定的事業，恐怕現在早已經大有發展。

但現在的你卻總是停留在那嶄新的第一篇，讓人想幫忙都不知道怎麼幫啊！」

回顧小時候讀過的文章，令我最印象深刻的就是〈賣油翁〉這一篇，一枚銅錢放在油瓶上，穿過錢孔往下倒油，錢孔四周卻絲毫沒有沾著，問其原因，答案很簡單：「熟能生巧，巧能生精。」

一件小事，要想把它做好、做精，也不是容易的事，假如我們每個人，一生都專注一件事，力求把這件事做好、做成精品，那麼我敢相信，當前的世界一定會有飛躍式的進步。然而遺憾的是，立志把事做成精品的人實在是太少了，更多的人，路還沒到一半就讓自己轉了彎，變來變去的不知道拐了多少個岔路口。

人這輩子，成功的真諦無外乎「專注」二字，不分心、不受外界影響，踏踏實實的把自己的事業堅持一輩子，將每一個成果做成精品。有句話說得好：「酒香不怕巷子深，關鍵看你真不真。」想成功，先要為自己打好基礎，不分心，將自己全身心的融入，它才會更有生命力。願每一份付出都能在專注的力量下開花結果，恆心不需要修飾，它卻能帶我們走向更好的明天。

超越：對於自己，那是發自內心的綻放

當你超越別人一點，別人會嫉妒你，當你超越別人一大截，別人會依賴你。滿足於今天過得去，但明天就沒那麼好過去了。人生就是一個不斷超越的過程，而這場超越與別人無關，它是我們發自內心的綻放。假如沒有那麼多穩定為你提供保障，那麼現在就明定好自己人生的目的，讓它在明天開花結果，將想做的一切落實到行動。

（1）為人生創造無限可能

　　人生從生到死這個過程，如果有三萬六千種活法就有三萬六千種可能，只要你內心夠堅定，思維夠開闊，這個世界上就沒有「不可能」這三個字。曾經有一句至理名言這麼說：「如果上帝把一件不可能的事情裝進一個人的夢裡，就是有意要幫助它將此照進現實。」我們有很多機會，很多可以超越的目標，很多可以挑戰自己的項目，關鍵要看你是不是做好準備，有沒有明確目的。

　　人生這趟旅程最重要的一個任務是找到自己，很多人一路追得很辛苦，卻追著追著把自己給弄丟了，即便是真的最後熬到了成功，別人仰慕你，可你未必高興，因為你要面對的是一個沒有自己的悲慘結局。人生是自己的，但假如你每件事情都不是出於自己的意願，也不明瞭自己活著的真實目的，你還有多大力量能把自己活好呢？有些時候成功帶來的果實並沒有那麼值得信任，除非你知道做事的目的，失敗帶來的果實也未必有那麼恐怖，假如你知道做事的目的。

　　我認識麗娜的時候，她剛做母親，博士畢業的她放棄了高薪工作，準備開一家別有特色的烘焙小店。當時很多人一聽就搖頭：「博士畢業啊！畢業以後就開這麼一家烘焙店，是不是太大材小用了？」但麗娜卻總是微微一笑什麼也不說。她來我店裡的目的是想請我幫她設計個人形象，以全新的面貌去參加國際烘焙產品高峰會，到時很多烘焙大師會齊聚一堂，自己也希望從中吸收更多的養分，交到更多的朋友。同時她也希望能夠藉著完美的時尚造型製作個人海報，好替店面提高知名度。

　　透過跟麗娜聊天，感覺她是一個很有想法的女子，她不但對自己店面的運作很有策略，而且對於自己的人生規劃也有遠大的設想。對於別人對她的看法，可以輕輕鬆鬆的一概省略，用她的話來說就是：「人生簡單明

確，認真開心做自己。自己為自己還活不過來，怎麼還有閒心去猜想別人？」對於麗娜來說，人生的主要目的就是在自己喜歡的領域超越自己，不管那在別人的眼中是成功還是失敗。

當我問麗娜自己是否真的做好了百分之百的準備。她點點頭笑著說：「世界永遠不會為誰的成功做好準備，除非你準備好了你自己。只要自己準備好了，那一切就都準備好了。這是一趟輕鬆的旅程，所以沒有必要準備太多，帶著一顆心全心投入，總會在過程中發現很多美好綺麗的風景。這種感覺要比假惺惺的扮演某某輕鬆得多，而且總讓我覺得人生充滿無限可能。我很慶幸自己能為自己勇敢的邁開這一步。」

之後我們聊到現在她店面的經營狀況，她笑著說一切都在正常進行，而且每個點心的種類都是她精心發明的，「每天有很多情侶、小孩子到店裡來，每當看到他們用驚訝的眼神看著點心，我的心裡就甜滋滋的，覺得自己又做了一件無比幸福的事。我想把這種甜蜜的感覺延續下去，不久的將來，至少開滿 500 家分店，同時店面還可以走出國門，成為國際品牌，讓全世界的顧客都分享到這份幸福甜蜜的味道。我相信我一定可以做到。」我聽了很為她高興，希望她可以夢想成真。

又過了一段時間，麗娜再次找到我，還帶來了幾個夥伴，說要為她集團下的幾個夥伴量身定做造型，因為再過一段時間，她們就要一同出席一場相當盛大的烘焙交流會議。我順帶著問她願望實現得怎麼樣？她信心滿滿的笑著說：「如今店面已經擴展到三百家了，預計今年年底能夠實現五百家的願望。」我聽了驚訝不已，一段時間不見，想不到她已經有了這麼傲人的成績。她看出了我的心思，真誠的說：「其實剛開始因為年輕，心裡也會很焦灼，怕自己得不到，怕自己不成功，經常會問自己：『哎呀！我會不會沒辦法成為心中理想的那種人啊？』但你要真問我想成為什

麼樣？我還真的不知道。但現在好了，一切都可以輕鬆放下，也不管那麼多，早上想到的事情，中午就開始去做，管它成功失敗，至少在行為上是一種超越，我對得起自己。就這樣沒有顧慮的做自己喜歡的事情，反而可以輕鬆無比的達到目標，生命就是這麼神奇。」

每個人都可以在人生中追求屬於自己的夢，不管它在別人眼中是恰如其分，還是不務正業。因為這一超越的旅程只與自己有關。不管成功還是失敗，痛痛快快做一次自己就是一種飛躍性成長，這條路或許很漫長、或許很艱辛，但在你眼中一定會有很多有趣的發現和經歷，因為這是你為自己選擇的奇妙之旅。正如麗娜，誰說博士不可以做烘焙？一切皆有可能，不但有可能，還可能一鳴驚人，在這個世界綻放出屬於自己的絢爛禮花。

（2）穩定不可怕，穩定思維太可怕

有些時候覺得時代進步太快了，稍微自我怠慢一點就擔心會追不上它，這種危機意識常常讓我更加重視不斷的接受新鮮事物，保持思維理念的自我更新，希望不要太早就加入落伍者的行列。如今的社會，年輕人分為三種，一種思考活躍，心不安分，不斷的湧現靈感，充滿朝氣和活力。一種游離不定，一會想創業，一會想求職，在不定性的選擇中煩惱徘徊。第三種則沒有太多追求，有了穩定職業就不想再變動，每天三點一線，從此時代的新奇事物與他毫無關係。

在我看來第一種孩子最容易成功，第二種孩子稍加引導還算有救，而第三種孩子長此以往下去，後果不堪設想。一個年輕人追求穩定沒有錯，但是假如思維也跟著穩定起來，沒有了自己的追求和奮鬥目標，那人生就會變得平淡無奇。不要說自我超越，一旦時代發生變化，職業分工就會有調整，而最受影響的一定是他們這批人。這時候的他們可能已經成家立業

不再年輕，因為在職位上生活得過於安逸，與時代脫軌，也沒有鍛鍊出一技之長，最後的結局顯而易見，只有失去工作。

曾經有一個客戶跟我說，她二十幾歲時爸媽幫她找工作的一段經歷：「愛麗姐，你知道嗎？那時候我爸媽總是說：『女孩子，有一份穩定的工作就行，不用太累，以後結婚有了家了，還是要以家庭為重的。』那時候我一聽這話就不高興，感覺他們為我描繪的人生沒有一點意義。那時候我總是想，難道作為一個女孩，我這輩子就這樣了嗎？後來大學畢業，他們就開始張羅著幫我找工作，一開始準備把我安排到一家醫院行政部的一個閒職，跟我說那裡一天到晚也沒什麼事，只要不犯錯誤就可以待一輩子，就是薪水比較低，但是有勞健保和年假，非常舒服。當時我就搖頭說不去，我覺得人越是閒下來，越是沒有動力，如果這個工作十個人都能做，你年紀大了，人家憑什麼用你？每年都有那麼多大學生畢業，人家找誰不行？一旦做出變動，我的青春已經不再，讓我去哪裡找工作？為此我跟爸媽還大吵了一架，並以通知的口吻告訴他們，以後我的事情都不要讓他們插手，人生是我的，要由我自己做決定。」

我聽了點點頭，讚揚她有魄力，而且很聰明，懂得順應時代經營人生，然後繼續聽她往下說。

「後來我不顧他們的反對來到了大城市，不斷的投履歷，立志做一名時尚編輯，我先進了一家小的雜誌社，從最基層做起，不斷的學習，一點點的走到今天，而如今我終於實現了自己的願望，成為一家著名雜誌的時尚主編，我還創辦了屬於自己的美容時尚主題的社群，有了幾十萬的粉絲，而現在擁有的一切讓我感覺真的好極了，我終於可以開開心心做自己，因為我已經透過自己的努力快速實現了個人財富自由。我每年都會去很多國家走一走，穿上漂亮的衣服和鞋子，化上精緻的妝容，體會一段段

美好的異國風情,而且令我興奮的是,我在旅途中邂逅了甜蜜的愛情,我們志同道合,準備明年結婚,買一間別墅作為新房,而且一起創辦公司共同創業。這時候我就想,假如我當時聽了爸媽的建議,恐怕只能在那個無聊的小城裡,拿著屈指可數的慘澹薪資,成為被時代淘汰的那類人。」

聽了女孩的故事,我首先慶幸她的不安分在關鍵時刻挽救了她。在我看來,生活穩定是每個人所期待的,但生活穩定並不意味著讓自己的想法穩定。因為這種穩定意味著就此滿足,停滯不前,而一旦你選擇原地踏步,那麼你將很快被這個不斷進步的時代淹沒。

人生是一個不斷超越的過程,為了讓生命不至於那麼平淡,我們本可以創造出很多新奇的事物來取悅自己,比如說找到一份有自我挑戰力的工作,然後精神百倍的全心投入,不斷的在提升自我價值的過程中找到自我超越的快感,那種美妙的感覺會讓你感受到最真實的快樂,同時也更容易被這個時代所接納。

生命的環境猶如銀河,儘管每天宇宙變化萬千,但每一顆恆星卻不會因為這場變動而黯然失色,反而在不斷的適應中光彩奪目熠熠生輝。願你猶如明星恆久美麗,綻放而不被禁錮,心懷一顆超越自我的愉悅之心,用光透澈雲層,活出最富有生命力的自己。

品格:好品格,讓自己活成傳奇

由內而外,從人到事。讓每一個細節,每一段思想,都滿滿的裝載上品格的力量。品格是一個人內心最偉大的財富,也是能夠創造出一個個奇蹟的神奇利器。追求品格的人可以將財富放在一邊,只為對得起那顆追求極致的心。他們有完美的德行,有超乎人想像的審美追求。也正因為這份珍貴而富足的好品格,讓他們一點點在成功的路上把自己活成了傳奇。

（1）不管對於誰，人品都很重要

有沒有思考過這樣一個問題？人生最重要的東西是什麼？有人說是財富，有人說是智慧，但要我看，這兩件事都不是最重要的，因為財富多了會讓人貪婪，智慧掌控不住就會埋下罪惡的種子，唯有奠定好了品格和德行的基礎，才可以找到最正確的方式駕馭這一切，所以在我看來，品格才是這個世間最寶貴的東西。

俗語說：「蒼蠅不叮無縫的蛋。」只要一個人心不變質，外人是很難傷害到我們的。萬事開頭先樹立好自己的品行，端正自身的態度，善緣與好運才會如約而至。但假如人不能很好的樹立自身的品格，甚至為了自己一時的慾望而不惜傷害他人利益，那就好比是搬起石頭砸自己的腳，最終受罪的還是自己。

記得自己創業的第三年曾經經歷過這樣的一件事：

那時為了擴大規模，店面經營日趨完善的我，準備創辦第三家分店。因為覺得合夥人很可靠，便把店面的一切全部交給她來打理。可沒想到分店開了不到半年，問題就接二連三的找上門來。一大批老顧客紛紛找上門來要求退費，將近六、七個員工一個星期內集體辭職，這到底是怎麼回事呢？不知原因的我，沒有任何準備，一時不知該如何是好。

之後我才了解到，這個合夥人在經營店面的過程中，動了歪腦筋，背著我又辦了一份營業登記，和現在的分店不存在任何關係。等到一切準備就緒，她就開始複製我一系列的企業經營項目，有意的將價格調整到低於公司的 50%，並依次打電話給我的老客戶，勸她們退費，再轉到自己名下。同時又著手請員工吃飯，以提升薪資為誘惑，煽動大家辭職，挖我的角。

回想起那半年的時光，真的讓我一生都刻骨銘心，白天不斷的處理著

這些問題，晚上疲憊的回到家，還是輾轉反側難以入眠。100 多個日日夜夜，我也數不清有多少個難以入睡的夜晚。我就這樣靜靜的躺在床上，一個人睜著眼默默反思自己，睡不著，也不覺得餓。從那一刻我就下定決心，今後做企業一定要加強企業文化的投入，對員工不但要進行良好的技術培訓，還要不斷的給予德行品格的教育。

於是在出事的下半年，我開始做方案轉型，引進新方案，並加大投入鞏固樹立企業文化。心中只有一個目標，要讓自己的團隊有靈魂，要讓企業的愛關照到每一個員工的生活，實現他們的夢想。就這樣，企業團隊漸漸穩固起來，我擁有了跟我一起奮鬥多年的老員工，他們漸漸成為了「名媛」的靈魂，也在企業的關照下實現了一個又一個的夢想，而「名媛」也在這樣互利雙贏的狀態下，穩步前進，最終盼來了屬於自己的春天。

我常常跟身邊的孩子說：「一個人為利益犧牲品格是最傻的行為，這會讓他一輩子都抬不起頭。」在人生長河中，我們所要經歷的所有關係，無論是友情，還是愛情，想贏得對方的信任和尊重，最重要的一點就是讓自己擁有完美的品格，因為在這個世界上，儘管贏得別人好感的方法很多，但都比不過「真誠」二字。

德行和品格，是人這輩子最硬的兩張底牌。古人說：「不知禮，無以立。」而禮反應出來的核心就是一個人的道德品格。一個人即便再聰明，品格出了問題也不會有好的發展，因為人品的好和壞，往往決定了他一生的成就。

曾經有一位老師父感慨：「走過浮生萬里路，人與人之間，無論始於什麼，到最後，都只會忠於人品。」是啊！不管時代怎樣發展，不管世界多元化到什麼程度，都不可改變一個真理：人生最寶貴的永遠都是他的品格。

（2）不糊弄，我就是要讓自己滿意

人生在世最重要的事情就是對自己負責，或許手頭要做的並不是什麼大事，但至少也要讓自己滿意。生命的最高意義就是在於人真的盡到自己為人的本分。即便是有一天永遠閉上了眼睛，也可以從容安詳，露出坦然的微笑，今生今世，沒有什麼可讓自己遺憾和後悔的。

此時突然想起了一段話：「人最寶貴的東西是生命，生命對於我們只有一次。人的一生應當這樣度過：當回憶往事的時候，他不為虛度年華而痛悔，也不為碌碌無為而羞愧；在臨死的時候，他能夠說：『我的整個生命和全部精力，都已經獻給世界上最壯麗的事業，為人類的自由而抗爭。』」每每想起它，心中就會充滿力量。

在有限的生命中，每個人的心裡都承載著夢想，可不同的人對待夢想的態度是各有差別的。真正的成功者，會把自己的一切融入到每一天的細節中，他不是有意的做給別人看，而是真的希望自己能將一切做到讓自己滿意。「一件事，不做則已，要做就要把它做好。」這句話說得容易，但做起來卻很難。因為我們每個人身上都存在著惰性，很多人在接受考驗的時候，都沒辦法在這件事上獲得滿分。但總有一些人，始終有自己的追求，即便是付出再多的代價，也要對得起心中的那份期待。

由於我的新店面要裝修的問題，我就這樣與孫總相識了。這位老闆已經開裝修設計公司很長的一段時間，做事認真到一絲不苟，而且審美要求極高，是一個不折不扣的完美主義者。與他一起交流總能讓我受益匪淺。經過幾次認真仔細的溝通，他用時尚的裝修理念和新穎的設計方案打動了我，那份富有朝氣的敬業精神迫使我做出決定，由他來全權負責店面的一切設計裝修工作。

就這樣店面的裝修工作順利展開了，從選材質地到成本核算，他每一

步都做得相當精細，每天都會到施工現場親自監工，對施工的每一個細節嚴格把關。有次我去店裡監工，想間接的了解一下店面現在裝修的程度。沒想到還沒進門就聽見孫總和裝修人員在那裡吵架，具體對話內容是這樣的：

孫總：「你這樣不行，給我拆了重弄。」

裝修人員：「你說拆就拆啊？你知道這又得花費多少材料和時間嗎？」

孫總從容的說：「你做不到我滿意就得拆，現在就拆。」

裝修人員：「就你這樣有辦法把公司做大？一個工地就能把你弄死。」

孫總：「誰說我想把公司做大了？我沒說我要把公司做大啊！我就是要每一個細節做到我滿意，從我手裡出來的作品都必須是精品。這跟錢沒關係，讓我覺得不滿意就得拆了重來。少廢話，省點力氣，趕快給我拆。」

裝修人員：「跟你合作真是倒了八輩子的楣！好，好，拆！到時候工期延誤了，不是我的責任。」

孫總：「你先拆了，後面再看看怎麼辦！自己沒有達到要求，還好意思說這麼多……」

我聽了以後點點頭，心裡想：「這次裝修看來是選對人了，一個人對自己要求這麼嚴格，做出來的作品應該會是相當有水準的。到時候看看成果怎麼樣，如果真的很令人滿意，那麼以後有這樣的裝修需求就找他，到時候把朋友也介紹給他，這個朋友我交定了。」

之後，孫總真的沒有辜負我的期望，把店面裝修得非常到位，讓我一進門就欣喜不已。於是邀請他一起共進晚餐以表感謝。

交流中我下意識的談起了那天在門口聽到的事情，他聽了有點不好意

思，靦腆的笑著說：「讓您見笑了，這很正常，人不管做什麼，至少要先能達到自己的標準，必定人不能只為錢活著，生命中最重要的應該是那份對得起良心的信仰。我從大學讀的裝潢設計，偉大的理想就是成為一名優秀的室內裝潢設計師。之後建立了自己的公司，和很多人不同的是，我建立公司的初衷並不是出於盈利，而是出於要做自己喜歡的事情，要從這些事情中找到那個最滿意的自己。每一個作品在我看來都是有生命的，都是自己苦心孕育出來的孩子，誰不希望自己的孩子更好呢？假如這個孩子表現不好，別人會很自然的對家長產生質疑，那時候自己的臉又往哪裡放呢？」

聽了他的話，我真的很感動。人們常說好的開頭就要配上好的結尾。人生也是如此，每一個人的人生起始都是一樣，一聲啼哭，四周伴隨著一片歡笑，但到了要收尾的時候，感覺就變得不同，儘管生命同源，總要歸於一片沉寂。有人名垂青史，有人不過一抹黃沙，追究到原因就在於人與人之間對自身要求的不同。精益求精的人會在人生每個階段中丟擲一個又一個優美的弧線，而將就過活的人卻把生命活得如此蒼白，這就是人與人之間本質的不同。

在希臘，著名的阿波羅神廟上刻有這樣一句格言：「認識你自己。」一個人只有真正認識自己，才能真切的了解到內心的渴望，才更願意活出自己滿意的樣子。每個人都是在上天的驗證下過人生的，珍惜手中的每一個經過，把每一件事做好、做精，老天就絕對不會辜負你，因為你是祂最青睞的那一個，你就是那個無時無刻不在追求完美的寵兒。

第六章
情感 —— 做情感的貴族，這輩子就什麼都不缺

　　每個女人都有著自己的似水柔情，而生活就是各種情感交織在一起的歌，我們在這種交融中不停的轉換著角色，體會著人間世事的悲歡離合，縱然有一天人會離去，什麼也帶不走，在回眸往事的那一刻卻依舊帶著笑容。人生最成功的事情不在於擁有財富，而在對情感的那份珍重。假如你是自己情感的貴族，那麼這輩子就什麼都不缺。

我情：愛自己，我真的是一個很不錯的人

　　年輕的時候總是羨慕別人，為什麼她那麼漂亮？為什麼她那麼富有？為什麼她那麼能幹？種種的比較下，自己也曾不斷的努力，想要活成她們的樣子。之後經歷了一番成長，有了婚姻、有了事業，我發現人這輩子不一定要活成別人的樣子，做自己就是一件很幸福的事。站在鏡子面前打量自己，讓優點從腦海迸發著點亮內心，冥冥之中有個聲音在說：「去愛自己，欣賞自己吧！因為你真的是個很不錯的人。」

（1）看，鏡子中的自己在微笑

　　曾經的我很小就來到了陌生的城市，心裡只有一個想法，趕快扭轉家庭的困境、還清債務，讓家中的父母不要再因為這些事情而煩惱。繁華的大都市，燈紅酒綠，人海茫茫，偶爾從身邊走過一位穿著不俗、氣質高雅的女性，心裡就會想，假如有一天我能活成她那個樣子該有多好。經過幾年的打拚，我還清了家裡的所有債務，手裡還有了一筆自己的積蓄。那時

的我開始留意美容市場，決定到當時最棒的美容院去工作，吸收經驗。在那裡我遇到了能幹的老闆，每一個決策、每一個方案都能做到思路清晰，有條不紊，在她的手下做事使我受益匪淺，那時候想，如果有一天我成為她那樣的人該有多好。

就這樣一路的羨慕，伴著一路的努力，我在一次次自我蛻變中成長。翻開曾經的日記，每一篇幾乎都是向自己內心發問，諸如「你想要什麼？」「你現在有什麼？」「幾年以後你會成為什麼？」這樣的句子頻繁的出現在當年的文字中。正是這樣不斷的自我鞭策，我一步步的從美容院的基層人員當上主管，又從主管變成了自己品牌企業的老闆，有了自己穩定的家庭和事業。這時候突然意識到，其實能不能成為別人的樣子，真的沒有那麼重要，活出自己的感覺和狀態才是真正的幸福。

一個人生活得好不好跟別人沒有關係，最主要的還是跟自己的感受有關，是在經歷的過程中放鬆享受，還是緊抓著與別人比較的痛楚去難受，完全是我們自己的選擇。這個世界上最大的對手不是別人，而是我們自己。與其在無數對自己不滿意的比較中爬不出來，不如把一切負累放下，開開心心做自己，儘管很多成功都是逼出來的，但最起碼它也要沿著自己覺得應該走的方向走才行。這個世界上一千個強迫也抵不上心中的一個「我願意」。做自己願意的事，才能在未來成為自己最滿意的樣子。

曾經有朋友問我：「愛麗姐，難道你不想找個真正懂你的人與你相伴，陪你走過一路的艱辛的歷程嗎？至少那樣自己不會覺得孤獨。」我的回答是：「我當然希望，但走了這麼長的路，我終於明白，不管人生這條路經歷怎樣的悲喜曲折，真正陪在我身邊的只有我自己。」

從懵懂到釋然的心路歷程中，我們經常會如憤怒的小鳥一般衝撞自己，不斷的對自己挑剔著、奚落著，直到這種感覺真正引起了傷痛，才會

把地上的羽毛撿起來，重新愛上自己、修復自己。如此這般起起伏伏、反反覆覆，直到自己真的活明白了，才開始學會對著鏡子傻傻微笑，覺得那個與自己四目相對的人真的好可愛，他做的每一件事情都是那麼的用心而專情，那麼的率真而充滿創造力。

成長是一個沒有捷徑的旅程，我們每個人都需要跋涉很久，才能真正看清自己：知道哪些事可以做、哪些事不能做，找到最適合自己的生活方式，然後將一切安頓下來，用心經營呵護這份得來不易的美好，用最好的狀態面對生活，用最燦爛的微笑面對自己。

所以相信我吧！或許你應該更相信你自己，從今以後，不再去與別人比較，不再去羨慕嫉妒恨，不再輕易起心動念，不再一看到好的東西就一味的想去得到。我們無須為成不了優秀的別人而傷感，因為每個人心中都自帶天堂，說不定你就是世間最獨特的那一個。

拉開窗簾，讓外面柔和的光折射進溫暖的房間，穿上自己最喜歡的衣服，走到鏡子前微笑。你可以向他表示問候，輕聲的說上一句：「你好嗎？」而此時鏡子那頭的自己早已將雙手放在了心間，閉著眼睛感動的說：「我很好，謝謝！」

（2）愛自己，就別把自己當蠟燭

我有這樣一個朋友，沒結婚的時候，她可是眾人眼中的美麗女神，走在路上，不知道有多少男人要神魂傾倒。幾經挑選，她接受了一個男孩的追求，相戀五年後終於修成正果。正當大家還在回味他們婚禮上男才女貌的甜蜜之吻時，這位朋友卻爆出最驚人的頭條新聞，她離婚了。

這件事一時間在朋友間引起轟動，大家都不知道他們發生了什麼事，怎麼交往五年，結婚還不到三年，說分就分了？很多朋友以為是女方出了

問題，覺得是我這個朋友眼光太高，不甘於過平凡的生活。但之後經過求證，事實並不是我們想像的那樣，是男方在外面有了小三，最終跟朋友攤牌協議離婚的。

「感情容不得背叛，那個女人有了他的孩子，三年的婚姻，我把他慣成了一個渣男，趁早分開也好，否則不知道要背負怎樣的恥辱過日子。」朋友向我輕聲傾訴道：「以後我會記住的，做女人不能太傻，我就傻到把自己當成了一根蠟燭，一結婚就全心投入在家庭，是我把他伺候得太好了。他說工作太忙，要我支援他，我就放下蒸蒸日上的事業，變成了家庭主婦。好不容易懷了孕，他說自己事業剛起步，要再緩緩，我就忍著身心巨痛墮了胎。正在家做小月子的時候，卻接到了那個女人的電話，說她已經懷孕了，而且決定要把孩子生下來，讓我自己對婚姻做選擇。愛麗，你能理解我當時的痛嗎？」

看著她傷感的樣子，我一時不知該如何安慰，只聽朋友繼續說道：「這麼長時間以來，付出了這麼多，可在他看來我什麼都不是，我不知道那女的是怎麼迷住他的，我只覺得我這麼長時間以來所做的一切沒有一點價值。現在他事業也好了，有著幸福美滿的家庭，我呢？回想起來，那時候沒結婚前，自己也是一大把的追求者，現在被他摧殘成這樣，一照鏡子自己都會哭，怎麼憔悴成這個樣子？」

聽了她的話，心裡的第一感覺就是心疼，曾經的她活潑開朗，卻被一場失敗的婚姻折磨成這樣，這讓我意識到，對於付出這件事，即便是再愛，也要留一部分給自己。無私的奉獻可貴，但奉獻到沒有自己，剩下的除了憔悴就沒有其他了。現在很多走進婚姻的女性都覺得婚姻越長越是沒有自己，有些人甚至覺得日子過得沒有一點尊嚴感，上班被人指來派去，回到家還要聽老公呼來喚去，自己就像是一頭老牛一樣老實本分的付出，

卻什麼也沒得到。看著她們不住的流眼淚，我深深的思考，之所以會出現這樣的現象，主要原因在哪裡？最終得出一個結論，只懂奉獻不懂經營的付出，是最不理智的。

於是我嘗試著列出一些重要細節，希望能夠透過這些細則，幫這位朋友開出一個自癒的藥方：

1. 不管有沒有人在意，自己每天都要穿著得體，化上精緻的淡妝。
2. 不管什麼原因，絕對不能放棄工作，要告訴自己經濟基礎決定上層建築。
3. 不要拒絕漂亮衣服的誘惑，因為用的是勞動所得，你本就值得擁有。
4. 多接觸新鮮事物，多和比自己小的年輕人在一起，時刻保持和男朋友（老公）互動話題的新鮮感。
5. 多參加社團活動，找到自己的生活樂趣，讓自己時刻保持活力。
6. 擁有自己的交友圈，不限定性別，但百分之百謹守本分。
7. 保持獨立，讓男朋友（老公）覺得，即便沒有他，自己也一樣可以過得很好。

經過這幾項的自我修練，這位朋友快速的恢復了往日的活力，氣色紅潤，整個人看起來都很有精神。她偷偷的告訴我，現在有幾位條件非常好的男士在追求她，但她決定再也不犯傻，不管有多愛都要把最好的那一份留給自己。

作為女人，愛自己是一件很簡單的事。當你每天清晨醒來，把窗打開，將那最清新的空氣吸進肺裡，望著窗外一片鳥語花香，不妨安詳的多問自己幾個問題：「今天的你漂亮嗎？是不是仍然在為智慧而不懈追求？你知道你最有魅力的地方是哪裡嗎？」問完自己以後，閉上雙眼，將最滿

意的答案收入身心，告訴自己，一定要好好愛自己，因為沒有人比你更配擁有愛。

愛別人的方式有千千萬萬種，我們可以以別人能接受的方式去表達自己的關切，但這種愛並不應該建立在燃燒和毀滅自己的基礎上，相比於蠟燭而言，我反而更願意成為別人心中的太陽，永恆的照亮他們、溫暖他們，而自己卻不會因此而失去，它總是那樣熱烈而充滿熱情，在它的世界裡總是得到的更多。

聰明的女人一定知道如何快樂的愛自己，善巧智慧的愛他人。這樣才能氛圍融洽，彼此關照、相互溫暖，我們的心才能長時間保持在平衡的狀態，將一切控制得剛剛好，剛剛好用心的愛別人，剛剛好幸福的待自己。

愛情：愛情最美的共振，本不該過分向外求

常常有一些漂亮的女孩問我：「愛麗姐，愛情保鮮的祕訣是什麼？」我就告訴她們：「感情就像織毛衣，想讓它美就細細的織，想毀了它只不過是一拉線的事。」那天結婚紀念日，我的他在經歷十年多的婚姻歷程後，再次求婚，告訴我下輩子還要一起過。而這兩輩子愛情的終極祕訣卻是那麼簡單：從不要求，只是給予。從不炫耀，互相照耀。

（1）這輩子，老公是我最大的客戶

那天晚上看到這樣一篇文章，裡面寫著一個非常感人的畫面，96歲的老爺爺馬上就要走到生命的盡頭，旁邊的老伴溫柔的抱著他的頭，輕輕的拍著他肩膀說：「乖乖的，你就放心好好走，我會照顧好自己。」不知道為什麼，當閱讀到這裡，眼淚始終就含在眼眶裡，捨不得落下，這時先生

走過來，問我怎麼了？我不好意思的搖搖頭，心裡明明想說：「等我們老了，不管誰先離開，我也真的希望能和他們一樣。」

對於婚姻這件事，我的態度一直是很認真的，老一輩說：「夫妻同心，黃土變金，家事無對錯，只有和不和，有心和諧，才能家和萬事興。」兩個人在一起，起初是愛情，後面便是相互磨合出來的親情。有些年輕的女孩曾經問我：「愛麗姐，什麼才是婚姻之中的愛？」我想了想，半風趣半認真的告訴她：「很簡單啊，吵不離、罵不散、打不走，就是愛嘍，而且那才是婚姻中真正的愛。」

聽到這裡，有的女孩撇撇嘴說：「我可能做不到。要是成這樣了，我肯定是不行了。」看，這就是沒結婚的人與結婚的人對於愛的不同理解，走過了這麼長時間朝夕相伴的路程，讓我越來越感受到，愛這個字，婚前可以是說說就算的，婚後則是要用自己一輩子去經營、去演繹、去驗證的。結了婚我才真正明白什麼叫百年修得同船渡，千年修得共枕眠，想把這條感情的路走好，需要的方法不是一味的要求，而是不斷的付出。我常常打趣地說：「在我看來當下自己最大的客戶，不在企業裡，而是在家裡，老公才是我生命中最大的那個客戶，也是最需要好好維繫的那個人。」

而事實也確實如此，作為一個女人，什麼會比擁有一個溫馨的家，充滿歡聲笑語的港灣更重要的呢？假如要我選擇，縱使當下一無所有，也絕對不會放下自己對於美好家庭的嚮往和維繫，因為錢沒了可以再賺，而家絕對是不可以失去的，它應該在每一個人的心中占有很重要很重要的位置。

曾經有一個女孩子跟我抱怨：「現在的男朋友一點都不愛我，還說要跟我結婚，其實他根本就不是我心目中想像的那個類型。」我問：「那你

心目中的老公是什麼樣的呢？」「嗯⋯⋯我希望有一個人真正了解自己的人，知道我喜歡什麼、害怕什麼，知道我用什麼牌子的洗髮精和牙膏，我沉默了他會牽我的手，我哭泣的時候他會擁抱我，假如有這麼好的一個老公，真的就可以幸幸福福過一輩子了。愛麗姐，我有時候想，人的一生一定有自己的真命天子，假如他還沒有出現，我可以等，到時候他會明白，雖然我不優秀，但也足夠珍貴，他會了解我的渴望，了解我是怎樣在痛苦和孤獨的等待中一步步走到他的面前。我相信他一定會為我感動，一定會珍惜我一輩子的。」

聽了這個女孩傻傻的幻想，還確實真的很感動人，但是我告訴他，真正的愛情，不是一個異性對一個異性的影響，而是一個人對另一個人的全方位的影響，只有兩個人不斷付出，一同經歷歡喜悲傷才能在最終釀造出最甜蜜的婚姻蜜糖。而婚姻中最寶貴的是彼此的珍惜和感恩，感恩這個人的出現，感恩他願意拿出一輩子來愛你，感恩他面對未來的未知沒有一點恐懼和迷茫。假如這樣，當我們再去面對婚姻暫時出現的不愉快時，就會釋然的快速把各種的不滿意拋在一旁，去給對方一個擁抱，去為他做一頓豐盛的晚餐，然後用溫柔的語調對他說：「親愛的，我們和好吧！」

真正婚姻裡的愛情，是吵架奪門而出以後，在外面順道買了個菜回家，然後若無其事的說：「你想好今天晚上吃什麼了嗎？」暫時的矛盾，並不意味著長期建立起來的婚姻堡壘出現了問題，當一個人由我，變成了我們，那種美好的共同夢想就已經在兩個人的心裡生根發芽，而它終將成為你們生命裡一道獨特而不可或缺的風景。我們應該相信，你與老公的愛，就是互相支撐的力量，你們彼此的情誼，就是人生旅程裡的蜜糖。

這個世間，老公永遠是一個女人最該珍惜的的客戶，跟他做生意，即便賠得再多，也要好好做一輩子。

（2）婚姻就是一場愛的編織

經常有人問我婚姻是什麼，面對這樣的問題，我總是說：「婚姻就好比唐僧取經，穿山越嶺，經歷完九九八十一難，仍然無悔初心，才能在最終取得真經，修成正果。」為什麼這麼說呢？當兩個人相愛的時候，覺得眼前的一切都是美好的，建立家庭是美好的，對未來也是充滿信心和嚮往的。等到真的結婚了，各式各樣的問題就來了，這個時候就要考驗你是不是能夠在經歷這些的同時，仍然不悔初心，仍然用心去愛，用心去理解，用心去包容。

作為一個女人，不管在外面的職場生涯是多麼成功，回到家都應該脫去這層外衣，還原成一個溫柔賢惠的妻子，假如這個時候還不能轉換角色，還擺著一副主管的臭架子，對身邊的孩子、老公呼來喚去，那絕對不會有什麼溫馨而美好的結果。

曾經看過一則關於英國女王伊莉莎白二世（Elizabeth II）與他的丈夫菲利普親王（Prince Philip）相處的故事：

一次女王和丈夫鬧了彆扭，菲利普親王把自己反鎖在屋子裡，一言不發。沉不住氣的女王生氣的開始在外面猛烈敲門。只聽門裡面的人問：「你是誰？」「我是大英國協的女王。現在把門給我打開。」聽到這樣的答案，裡面的人再沒說一句話，任憑女王怎麼敲門也沒用。過了很久，在經歷一番自我檢討後，女王又再次溫柔的去敲門。只聽門裡面的人又問了同樣一個問題：「你是誰？」「開門吧！親愛的，我是你的妻子伊莉莎白。」聽到這樣的答案，門被溫柔的開啟了，一場矛盾風波就此結束，兩個人又緊緊的抱在了一起。

看了這個故事，自己真的感慨很多，一個這麼顯耀的女王在面對感情的時候都明白摘掉王冠的帽子，作為一個平凡得再不能平凡的我，又有什

麼好高傲的呢？真正的婚姻要同頻共振才能積聚幸福的能量，這個分寸和火候，是需要兩個人一同摸索、一同努力、一同守護才能掌握得好的。婚姻的美好，並不僅僅在某一方的手裡，而是需要兩個人同時完成一首永恆的四手聯彈曲目，配合的默契，心靈的相知都是在歲月的洗禮下不斷磨合鑄就的成果，如果你沒有耐心，不去經營，就永遠不會品嚐到這杯愛情美酒有多甘甜。

回憶曾經婚姻的朝朝暮暮，一晃十多年過去了，人到中年的我們，在經歷了多年彼此的朝夕相處之後，又再次舉行了二次婚禮，那一天我穿著潔白的婚紗，他穿著黑色的禮服，當我靜靜的凝視他，往昔的回憶就像電影一樣一一的浮現眼前，如今的他儘管臉上難免留下了一些歲月的痕跡，卻還保持著當年的帥氣和挺拔，當他單膝跪倒，認真的告訴我：「這輩子一起走過，下輩子還要一起走。」那一刻的我真的感動了，宛如搖身一變成為了待嫁的公主，幸福到眼眶溼潤，心裡滿滿的全都是對於這個家庭美好未來的期待。

愛上一個人可能是一瞬間的事，那或許僅僅是一種內心深處幾秒鐘的荷爾蒙感應，而婚姻則是在登記處蓋上印章以後，擬定好的要相守一輩子的誓言。曾經有本書裡這麼說：「再動人的愛情，也要回歸到雞毛蒜皮的生活，我們都需要在日常生活中找到浪漫的感覺。」生活有時候確實會有無聊的一面，平平常常，吃飯睡覺，再不然就是打開電視機看著電視發呆，但只要身邊有這麼一個人能跟你坐在一起吃著飯、聊著天，生活就是有溫度的，這種溫度能夠帶給疲憊的心靈無比寬慰和真正的幸福感。

雖然有人說戀愛是婚前的事，但婚後兩個人相濡以沫的過程其實也是一種「練愛」的過程，它讓我們明白什麼是自己想要的感情，並練習著彼此去愛，正是因為太熟悉，才要顧及到彼此的情緒，因為我們應該知道，只有站在你眼前的這個人，才是真的要與你相伴到老的那一位。既然要走

那麼長的路，誰也不該讓誰失望。

曾經老公問我：「等我們老了，你覺得我們會是什麼樣子？」我想了想，眼前出現了一張夕陽西下，一對蒼老夫妻牽著手並肩行走的畫面，心中充滿了感動和幸福感。是啊，每個人都會老去，既然知道秀美容顏早晚會消逝，不如趕快把年輕時相愛的感覺記在腦海裡，或用其他方式記住愛的感覺，等到老去到來之際，兩人一同品味、翻閱，相互感動，彼此溫暖。

不可否認，大多數人的婚姻生活都是平凡的，但這些平凡的日子即使沒有小說裡的轟轟烈烈，也可以透過彼此同頻的進步創造出一個又一個浪漫的小插曲。長久的婚姻不是靠曾經的信誓旦旦來維持，而是在風雨同舟的歲月裡不斷的改正、調整的，用心把彼此之間的紐帶繫得更緊一些，你就會發現我們真的就離不開彼此了。幸福本身其實很簡單，每天努力一點，就會離這種感覺更近一點。

親情：演好角色，親情是需要用心滋養的

所謂親情，演繹的無非是一家人其樂融融歡聲笑語的場景，對於一個有家的女人，上天會分配給她很多的使命和工作，同時也會因此而延伸出來無數的關係和角色。這時候才突然發現，原來自己頭上的頭銜還真是多，妻子、媽媽、媳婦、女兒、弟媳、小妹、阿姨……啊！想起來都要幸福得透不過氣了。親情是需要用心滋養的，掌握好這門藝術，做好每一件該做的事，你就會發現，有他們的感覺真好。

（1）小孝養父母之身，大孝養父母之慧

去年春節放假十天，一直在陪媽媽，一邊讀書一邊握著她的手陪她說話，算了算自己總共才下了三次樓，隨手看看手機裡的社群，大家似乎都在世界各地旅行。心中感慨，現在日子真的好了，有了錢大家都願意去旅

遊，一到假日就用旅遊、娛樂、聚會把生活安排得滿滿的，自己是瀟灑了，可盼壞了等了他們一年的爸媽啊！

每次過節，我通常都會選擇和父母待在一起，忙了一年，我知道他們一定很想我，有太多的話想跟我說，而我也真心想多花時間好好陪陪他們，讓他們開心。俗話說得好：「小孝養父母之身，大孝養父母之慧。」真正的孝順不是你買了多少貴重的補品和衣服，而是能做到讓他們打從心裡開心高興。作為老人，自己越是年紀大，越是希望能握著兒女的手和他們聊聊天。內容無關緊要，聊什麼都可以，只要能聽到孩子的聲音，他們心裡就會升起莫大的滿足感。

到來的新年之際，作為老爺子的爸爸去旅行了，而媽媽害怕路途遙遠會身體不適，所以沒有同行，於是我終於有機會和媽媽一起單獨過一個溫暖而溫馨的春節，好好的和她聊聊家中爸爸和老公這兩個男人的小壞話。小女兒坐在沙發上看著童話故事，而作為大女兒的我白天陪媽媽聊天，說說小時候的笑話，中午陪著她一起午睡，躺在媽媽的身邊，像是幾歲的孩子一樣和媽媽撒嬌、耍賴，正當我準備親親媽媽布滿皺紋的臉時，年僅八歲的女兒跑過來，一屁股就跌進我的懷裡，模仿著我的樣子跟我耍起賴來，看著滿頭白髮的媽媽笑得合不攏嘴，覺得這才是自己做女兒最有成就感的一刻。回想自己小時候，再看看現已成年的我，在感慨歲月如梭的同時，回頭看看接近耳順之年的媽媽，心裡想的都是讓她感受年輕時代擁抱小小我的幸福感。

有一天，我撒嬌的告訴媽媽，心裡好想好想吃她老人家拿手的熱湯麵。這個味道，已經讓自己嚮往了很久，聽了這話，老太太的眼睛一下子亮了起來，挽起袖子說一定要給小外孫女露一手，於是老人家開始在廚房裡忙進忙出，我在一邊又是端盤倒水的當助手，又是調皮搗蛋的亂張羅，

一下子，熱氣騰騰的麵條就煮好了，我特意聞了聞，回味無窮的說：「這種感覺讓我好像一下子回到了小時候。」女兒聽了著急的拍拍桌子吵著要嚐嚐，而媽媽一邊盛麵條，一邊臉上露出得意的微笑。於是我們一家人開開心心的品味著這份暖暖的溫馨，尤其是我，吃得很香，一邊吃一邊對媽媽的手藝讚不絕口，說這抵得上外面上千元才能吃到的飯店自助餐，比外面任何一家高級餐廳的大餐好吃一百倍。看著我和女兒狼吞虎嚥的樣子，媽媽的臉上又洋溢起了慈祥滿滿的成就感。

其實早在春節前，我就在公司裡做了每年「名媛」例行的重大活動，把公司上下所有員工的父母從全國各地接到總公司來，大家其樂融融歡聚一堂，一起聽聽自己孩子在公司中的成長、收穫，明瞭他們現在的工作業績和收入狀況，審閱一番他們的自我規劃和目標完成結果。同時，「名媛」也邀請大家一起來聽聽公司對於新一年的發展和規劃。當大家歡天喜地的各自回家過年以後，我就這樣搖身一變成為了媽媽眼中溫順乖巧的女兒。

看著媽媽安靜的進入夢鄉，我打開手機與員工互動，逐一地檢查留給他們在過年期間的作業，問他們每天幫爸媽洗腳了沒？替爸媽做飯了沒？幫爸媽按摩的時間夠不夠長？帶上耳機聽聽他們父母的體會和感受，看著一張張充滿欣慰和幸福感的笑臉，我的嘴角也露出了滿意的微笑。

夜深人靜的時候，燈下漫筆，將這一切寫進日記本的最後一頁，然後靜靜的把它放進我人生記憶的收納箱，關上燈，在客廳泡上一杯安眠茶，伴著悠揚的曲調，閉上眼將一年的喜怒哀樂盡收眼底。

此時的媽媽與女兒已經熟睡，而手中未看完的書卷正泛著陣陣墨香，隨意翻開某頁某段，上面竟然印著我最喜歡的一句話：「小時候我們是父母的孩子，而長大後，父母是我們的孩子，讓這對老小孩感受快樂幸福的滋潤，是我們這輩子最不能少的成就感……」

（2）別把孩子當盆景，最好幫她找到天命

　　一天，女兒悄悄將一首自己寫的精美小詩放在我面前，我打開一看，當中滿滿的全是幸福和驚喜：

媽媽在我心中就是一棵枝繁葉茂的大樹，

春天我可以倚靠著您幻想，

夏天我可以倚靠著您繁茂，

秋天我可以倚靠著您成熟，

冬天我可以倚靠著您沉思。

　　當女兒呱呱墜地的那一刻，我突然明白了一句話：「對於世界而言，你是一個人，而對於某個人，你是他的整個世界。」如今女兒漸漸長大，已經出落成一個九歲的公主娃娃，她乖巧懂事，每天都會主動的學習，而且常常會纏著我說一些關於明天的夢想，這讓我覺得沒有什麼比這個時候更感到欣慰和幸福的了。

　　父母和孩子就是彼此的整個世界，我們倚靠著緣分，成為對方最親密的人，當這種關係確立起來以後，作為爸媽的我們就有了一種百分之百奉獻付出的慾望，即便自己一無所有，也要帶孩子去看世界最美麗的風景。因為在我們膝下的是我們的孩子，是我們心中獨一無二的那個人。

　　和所有的媽媽一樣，在孩子開始成長的過程中，我也做過各種培養她的方式，但每當看到她童真的雙眼，我又一次次對自己的想法進行修改和反思，有些到現在也沒有真正實行。

　　女兒天生對繪畫和寫作有著濃厚的興趣，相比於鋼琴、舞蹈，她在繪畫和寫作上展露出的是她與生俱來的天賦，有一次她悄悄地告訴我：「媽媽，今後的我不是作家就是藝術家，這是我前進的方向，你相信嗎？」聽

了這話，我的眼睛也閃亮起來，鼓勵的對她說：「媽媽相信，為了這一天
快點到來，媽媽要幫女兒找最出色的老師，幫助女兒實現這個夢想。」於
是，我努力的透過各種管道幫女兒找到了最好的老師，讓她在自己喜歡的
領域裡自由的發展、盡情的發揮，也正是因為這個原因，孩子的每一天都
過得非常開心。而面對女兒不喜歡的項目，我也沒有一味的強迫，用商量
的語氣對她說：「不知道我家小美女長大以後想不想擁有一個挺拔而纖細
的身材，穿什麼衣服都好看，如果現在練習一下舞蹈，以後身形會特別漂
亮，一走出去就有一種朝氣蓬勃的氣質。」聽了這話，女兒眼睛也亮了，
她說：「媽媽，本來我不喜歡舞蹈的，聽你這麼一說我一定要堅持練習，
因為我想漂亮，我想長大以後比現在還漂亮。」就這樣簡簡單單的幾句
話，女兒在舞蹈課上練習得越來越認真，每一個動作都做得有模有樣，就
連舞蹈老師都驚訝的為她鼓掌。

　　一位作家的媽媽曾經對他說過這樣的話：「人生不只眼前的苟且，還
有詩和遠方的田野，你赤手空拳來到這世間，為尋找那片海不顧一切。」
之後，人到中年的作家把媽媽的諄諄教誨寫成了歌，再次引起了無數聽眾
的共鳴。每個孩子來到這個世界上都是有天命的，上天賜予了他們很多的
靈感和悟性，然後讓他們從天使變為了人間的孩子，為的就是讓他們能夠
一邊經歷成長，一邊完成自己該完成的任務。作為父母，我們怎有權利將
自己的理想強行的壓制在他們身上，讓孩子喪失了本有的天性，最終改變
了人生軌跡，成為我們自己想要他成為的樣子呢？

　　偉大詩人紀伯倫（Kahlil Gibran）在自己的詩作中曾經這樣寫道：

　　（對於孩子）你們可以把你們的愛給予他們，卻不能給予思想，因為
他們有自己的思想。

　　你們可以建造房舍庇蔭他們的身體，但不是他們的心靈，

　　因為他們的心靈棲息於明日之屋，即使在夢中，你們也無緣造訪，

　　你們可努力效仿他們，卻不可企圖讓他們像你，

　　因為生命不會倒行，也不會滯留於往昔。

　　作為母親，我的感覺是假如孩子的世界裡有自己的一片天，我就讓他盡情的呼吸那來自天上的養分；假如是片海，我就讓他張開雙臂去擁抱大海的遼闊，我願成為他世界裡的風，作為推力把他帶到任何他渴望到達的地方，而不是修片的剪輯師，無端的剪輯他本來五彩斑斕的夢。

　　對於孩子的成長，作為父母我們應該嘗試放開抓住他的雙手，讓他用自己的小翅膀努力的飛，飛到更遠、更廣闊的地方去，給他仰望天空的機會。而我們所能做的，就是給他肯定和信任，成為他依靠的大樹，給他面對世界的勇氣，讓他在一路實現的夢想的旅程中，步伐堅定，笑容清新。

　　乖女兒，媽媽永遠愛你。

友情：寧缺毋濫，你的定位決定你的圈子

　　有句話說得好，想成為什麼樣的人，就要和什麼樣的人站在一起。你的交友圈，決定了你人生的高度。人這輩子可能會有很多的朋友，但聰明的人絕對秉持著寧缺毋濫的原則，把自己的交友圈打理得井然有序，類別也分得清清楚楚，因為他們非常明白，一個人能走多遠，除了自己以外，最重要的就是要看與怎樣的朋友結伴同行，這不是勢利，而是對自己更高標準的要求。

（1）同頻的朋友，最好的朋友

　　小的時候很活潑，心裡想我將來一定要擁有很多很多的朋友，我們互相幫助、互相溫暖，有什麼事，一通電話，再晚也會有一群人的燈會為我而亮起來，那將是一件多麼幸福的事啊！長大以後，隨著事業的推進，真

的交到了很多志同道合的朋友，這時候我開始意識到，朋友這件事，不在於多，而在於能夠想法同頻、能量同頻，與這樣的朋友來往起來，會很開心、很踏實，更願傾訴，因為只要說出來，他都懂。

很多女孩都抱怨自己交不到好朋友，要麼是跟她借錢，要麼就是失戀時候約她出來讓她請客，和好了立刻不見蹤影。每次聽到這樣的事情，我都會笑笑說：「如果是這樣的朋友，不交也罷。朋友這件事，一定要做到寧缺毋濫，否則會影響到自己整個人生的能量。」細細想來也真的是這樣，今天這個朋友要你出來吃喝，明天那個朋友抱著電話跟你沒完沒了的抱怨那些老調重彈的往事，時間就這樣一分一秒的過去了，自己除了不斷自我內耗以外沒有得到任何東西，有時還會因為別人那一點點的小事，牽動了自己整個的神經。

不可否認，人生在世，每個人都會經歷悲傷，但面對這樣的負面情緒，我們要學會自我克制，絕對不能允許它持續半個小時以上，因為我們應該知道，繼續消極下去沒有意義，每一個當下都是嶄新的。面對不快樂的事情，我們無須向朋友過多的抱怨，因為如果你是真的愛他們，就絕對不會允許讓這種不快樂的感受繼續氾濫，波及成片。

或許是因為年齡的增長，我漸漸養成了面對他人報喜不報憂的習慣，這對於自己來說，是一個非常強大的自我暗示，它讓我看到了人生中更多美好的部分，將那些煩惱和痛苦逐一的篩出自己的世界。同時堅信這種方法能夠最大限度的保護好我愛的人，讓他們不至於受到我的影響，讓他們始終把我看做正能量的載體。不知不覺我開始對身邊的朋友產生了一種責任，我要讓他們因我而快樂，而不是在一次又一次的打擾和麻煩中彼此疏遠。朋友之間，最好的相處方式，就是能長久保持最佳的來往距離，讓他們感覺到自己的陪伴，卻不至於因為這種陪伴而不安拘謹。

　　我始終相信，朋友之間能量是可以相互吸引的，儘管未必每天都要見面，但永遠會在心裡為彼此留一個位置，每當大家歡聚在一起的時候，最想傳達給對方的就是喜悅與開心，最需要彼此表達的是陽光和鼓勵，當我們的想法和能量保持在同一頻率的時候，無數靈感和欣喜就會凝聚成亮點，不斷的在意念中迸發出來，它讓我們的交流更深刻，讓我們的情感更豐富，讓我們感受到彼此在自己心中的重要價值。而這個時候，無論大家做什麼都是那麼的合拍，無論討論什麼樣的話題都能讓彼此滿載收穫。

　　不可否認，朋友在一起，是需要為彼此解決問題的，但朋友之間的關係不能總存續在依賴狀態。這個世界上沒有人有義務拿出自己的時間陪你哭，因為大家都不是小孩子，每個人都有自己的人生課題，而每個人都要為自己的課題而不斷忙碌。保持能量想法的同頻，時刻活在快樂的時光裡，認認真真做事，開開心心做人，時刻保持強大的微笑，用自己的幸福感去安頓周圍所有的心靈。讓他們跟你一樣快樂起來、幸福起來，這才是作為一個朋友應該做的事情。與其陪著朋友在他意識中的荊棘密林裡哭，不如趕快帶著他逃離那個世界，把他帶到自己漂亮的玫瑰園裡，享受浪漫溫暖，淡忘種種的消極，輕鬆快樂的享受每一段美好時光，讓他和你保持在快樂的心態同頻上，豈不是一份世間最美好的感受嗎？

　　所以從現在開始，轉變自己的思路吧，成為別人世界裡的玫瑰和茉莉，永遠站在嫵媚的陽光下，而這時和你站在一起的朋友一定會和你一樣，成為一群帶著笑容綻放的花。

（2）好的友情要用「好心」來維護

　　馬克思（Karl Marx）說：「人的生活離不開友情，但要得到真正的友情並不容易，友誼需要用忠誠去播種，用熱情去灌溉，用原則去培養，用

134

諒解去護理。」這話真是至理名言，對我的一生影響深遠。從小單純的我就認為，好朋友就是要掏心掏肺的，想讓別人怎樣真摯的對待我，我就要怎樣用心的對待別人。所以，儘管當時家裡出現了危機，但從友誼方面，並沒有對我的童年造成多大的影響，至今有幾個從小一起長大的玩伴還有聯繫，而且大家碰到一起總是一見如故，宛如從來都沒有分開過。

曾經有個店裡的員工問我：「愛麗姐，怎麼才能交到好朋友啊？您身邊現在這麼多志同道合的好朋友，真的讓我好羨慕啊！到底您有怎樣的交友智慧呢？」看到了她還有些稚嫩的小臉，宛如我剛來到城市打拚時的模樣。那時候的我，孤身一人，來到陌生的城市沒有朋友。因為年紀小，心裡常常也萌生一種想與別人訴說的渴望，但卻怎麼也找不到對象。以至於只能將心裡想說的話一字一句的寫在日記本上，以此勉強療傷。但我心裡知道，人是絕對不能孤立存在的，只要自己付出真心，就一定能夠找到可以交心的朋友，我們一定可以一起努力，最終找到屬於自己的那片天。

於是和每一個剛來到大都市打拚的女孩一樣，我找工作、上班、下班，認真的對待身邊認識的每一個人，慢慢情況就發生了改變，客戶成為了我的朋友，同事成為了我的朋友，合作夥伴成為了我的朋友，最終以前的老闆也成為了我的朋友，我用心的經營著手中的這些朋友，珍惜著從自己身邊走過的每一個緣分，最後朋友介紹了朋友，朋友又介紹了朋友，不能說其中所有人都成為了我永恆相伴的人，但他們都在不同程度上讓我受益，甚至成為我選擇階段的一個關鍵點。

如今，經過了風風雨雨走到現在的我，終於明白了一個道理，朋友不是用來索取的，假如你交朋友的心就是想從對方那裡得到好處，那這份友誼必然走不長久，因為這個時候的你是被慾望驅使的，而並不是出自自己的真心。真正交朋友的方式，是不斷的付出，不斷的想著幫別人解決問

題，不斷的用自己的真誠打動對方、溫暖對方，讓對方覺得，不管什麼時候，只要有你在身旁，心裡就會溫馨而有安全感。而對於朋友之間一時的爭執和矛盾，則要學會抱有一顆寬容之心，因為每個人的想法是不同的，我們沒有必要永遠要別人與自己保持一致。原諒別人過錯的時候，往往放過的是我們自己。將種種的不愉快拋開，讓友誼在沒有傷口裂痕的狀態下繼續上路。相信經過重新調理修正的關係將會更加有默契。

想成為別人真正的朋友，就要學會時時刻刻為別人著想，在必要的時候，甚至可以不惜把朋友的事情放在第一位，讓朋友真正感受到你對他真摯的情感。當朋友開心的時候，你就這樣微笑的看著他，當朋友難過的時候，你會立刻帶他逃離那個悲傷的困境。當朋友憤怒時，你會迅速做出反應，抑制住他的衝動，讓他重新恢復理性。當朋友糾結的時候，你可以提出 N 種有效方案幫他解決難題。其實朋友之間，是需要彼此感恩的，多一份雪中送炭的施與，少一份誤會衍生下的猜忌，彼此之間的友誼之路就會越走越長遠，越走越堅實。

說了這麼多，不知道親愛的你是怎麼對待身邊友誼的？這世間知己難求，知交也零落。一份好的友情，就一定要用「好心」來維護，要讓對方感受到你的真誠。友誼是需要彼此吸引的，只要你願意，沒有人會拒絕一顆善意而美好的心。善待每一份緣，心與心就不會遙遠。只要大家成了交心的朋友，情與情之間必然會多一些溫暖，少一份冷漠。

朋友一生一起走，一句話、一輩子，常相知，長相守。

終於簡單

——心如明月境如水，簡簡單單好好活

　　從很多的要求到沒有要求，從追求自我到淡定無我，從為己謀福到助人為樂，從高傲的走在紅地毯到成為一粒田間低下頭的麥子。種種的蛻變，是一個成長、成就、成為的過程，曾經經歷的一切，猶如皓月當空下水面的倒影，越是回想當年，越是淡定平和，從追尋到取捨，再到之後的釋然歸零，越到最後越從容，越是成長越豁達，假如此生如虛夢，不如簡單好好活。

第七章
信仰 —— 修心自度，前有陰影後有太陽

　　人生的過程，是一條自度的旅程，種種的境遇，無非是心性的磨礪，得到也好，失去也罷，轉念一想無非是又一場柳暗花明。所謂信仰，就是不斷的把正能量傾注於心，使自己成為不斷傳遞幸福的載體，當我們的心順應宇宙的節奏，生活中便沒有了焦慮和恐懼，其實黑影並不可怕，怕的是你看不清生命的真相，縱使陰影如影隨形，也不要忘了你的身後還有燈光和太陽。

謙卑：人是麥田裡的麥子，低頭的才是成熟的

　　《易》云：「《謙》，德之柄也。」念高危，則思謙沖而自牧；懼滿盈，則思江海下百川。謙卑是一種美德，也是一種平和的心態，不以物喜，不以己悲，認真的去感悟生命中每一個遇到，不管它是快樂還是憂傷。謙卑，是一個很渺小的詞，卻博大到可以吞吐八方、容納萬物。人懂得了謙卑，其實才算真正悟透了人生。謙卑的人，最高貴。謙卑的心，最善良。猶如田間的麥子，低下頭的才是最成熟的。

（1）虛榮是浮雲，卻真的能矇蔽人

　　一天我正好上班，一進店面就聽到兩個女人在那裡聊天：

　　只見一個女人下意識的亮出自己的包包，還擺出一副不經意的樣子。

　　對面的女人看了，趕快說：「哇，最新款啊，我們這裡好像還沒有賣吧？」

聽了這話，拿包的那位得意的說：「哦，你也看到啦！哎，不過是出國的時候偶然覺得好看，花個十幾萬塊錢買來玩玩嘍。」

聽了這話，對面的女人趕緊捧場：「哇！十幾萬塊錢，你還真捨得花。」

「那有什麼？小意思嘍，去年剛在海邊買了個別墅，光裝修就花了2百萬，錢倒是小意思，就是搞得我頭大，現在好不容易搞定了，有時間去玩玩啊！我們那房子是海景房，景色真的很不錯。」

「哎！聽說月月家也在那裡買房子了，你們沒遇到嗎？」

「沒有，別提她。說什麼上次她老公買給她一個五萬多塊的化妝禮盒，她就開心得不得了，一點品味都沒有。還跟我裝，我什麼沒見過啊！不刺激她就算了……」

在一旁指導員工工作的我，越聽越聽不下去了，完全是炫富派嘛，面對生活一點謙卑的態度都沒有，假如長此以往下去，福氣通通都要跑光的。於是我搖搖頭，脫下鞋子，走上二樓的佛堂，靜靜的與自己待了一會，反觀內心，認真的體察自己有沒有這種陋習，此時，心宛如一點點的被甘露洗淨了汙濁，從浮躁的狀態歸於寧靜。

慈悲的上師說：「每個人都怕死，殊不知有一種死，叫福盡而亡。我們人生在世，一切的福報都是有定數的，一味的炫耀、奢侈，一味的貪著、揮霍，到頭來消去的都是自己的福慧，所以生命中最明智的做法，就是謙卑的用好手裡的每一分錢，知曉它的來之不易，用心的做好每一件事，知道善念要出自本心。真誠做好那個人字，因為人身來之不易。」

回想起師父說的話，內心不斷的被法語滋潤著，回想這麼多年在職場打拚的路，見過了一些人，經歷了一些事。夜深人靜的時候獨自思索，終於越來越明白自己想要什麼，也終於明白自己應該如何去做。假如生命中

的每一分錢都有定數，那就把它用在最該用的地方，以節儉的心面對生活，便能發現簡簡單單過生活的美好。都說虛榮是浮雲，但它所製造的假象真的很能矇蔽人。

如今，很多商家、文化產業都在鼓吹著一種高尚的風氣，今天這個明星身價過億，明天那個本是無名小卒的人翻身變富翁，開著高級跑車在公路上瀟灑的當賽車手。這些消息真的瞬時就讓很多年輕人瘋狂了，這種高調的炫富，似乎在慢慢的改變社會的風氣，讓整個氛圍變得浮躁，人們開始越來越注重外在的物質生活，卻忽略了自己的內心，以至於現實中出現一些女孩為了跟人比行頭，刷爆了好幾張信用卡最終債臺高築。還有的為了能快速用上高級化妝品，偷偷的動用公家的錢被抓，不僅失去了好工作，還要接受法律的制裁。這樣血淋淋的事實震撼了我，告訴我一切虛榮的比較都有風險，只有踏踏實實走好自己的路，才能最終撥雲見日，看到真正的彩虹。在這一點上，我最崇拜的人就是李嘉誠先生。

華人首富李嘉誠先生有次到一家飯店入住，下車時掉了一枚硬幣，老人追了十多步才把硬幣撿回來，放進錢包。然後掏出一百元小費遞給剛才幫他拿行李的服務生。服務生驚訝而又激動的問道：「李先生，您這麼富有，為什麼要跑這麼遠去追一個硬幣呢？」李嘉誠說：「給您一百元是您工作付出贏得的報酬。而掉在地上的硬幣那屬於我的財富。我有責任管理好自己的每一分財富，讓它都有價值。」

每次想到這個故事，內心就會充滿能量，它告訴我，真正成熟富足的人，不會藐視手裡的任何一分錢，也不會去追逐那些狂熱飄渺的虛榮心，相反地，他們會努力的讓自己安靜下來，不斷的審視自己，看清自己當行的路。

所以，千萬不要再被那些飄渺的虛榮自我矇蔽，與其這個時候去發狂一樣的比較、炫耀、追逐，不如靜下心來反觀自己，做一個理智而優雅的

女子。不論這個世界如何的浮躁，也不會影響到一顆安然篤定的靈魂。願我們的內心深處都擁有這麼一塊美麗的淨土，那裡永遠充滿陽光，那裡永遠寧靜安詳，自帶著如蓮花般清雅的香氣。

（2）不浮誇，低調做人高調做事

每次走在街上，總會遇見一些年輕人前來搭話：「大姐，要做個造型嗎？我們家的造型師可專業了，經常替明星打造造型的，您要是去我們店裡體驗，保證你能年輕二十歲。」「大姐？做美容嗎？我們的產品可好了，原裝法國進口的，價格也很公道，美容師都是專業水準的，一次能保證您膚色變亮百分之五十。」「大姐，加入我們的行銷團隊吧，我們的上司都已經成為鑽石級別了，一個月不工作也能有好幾十萬的收入。您難道不動心嗎？」每次聽到這些，我都只是笑笑，擺擺手，要他們放過自己。

從事美業那麼多年，我知道顧客絕對不能成為自己糊弄的對象，答應他們要達到的成果，到時候一定要兌現承諾，不然即便宣傳得再好、再打動人心，也是一種浮誇，時間長了是要把自己搞垮的，不僅帶動不了客源，還會砸了自己的招牌。

說到這，我想到了這樣一類人，明明手裡有一兩銀子，他能說自己有五兩，明明手裡有五兩銀子，他能說成一斤。這種現象比比皆是，我就曾經在徵才的過程中遇到過一次：

一天，團隊成員拿來一堆應徵者履歷給我看，其中有一份履歷讓我眼前一亮，裝幀做得非常精細，工作經驗也很豐富，而且貌似經常受到上司的好評，問及離職原因，答案是因為家裡有了急事，不得已才離開了自己喜歡的公司。這樣看來道理也是說得通的，誰沒有急事？假如她真的很優秀，那就給她一次施展才華的機會吧！

於是我就把這個人留下來試試看。結果一試驗，問題就出來了，這個人不但技術上漏洞百出，而工作態度也有問題。於是我就在思索，當初她的那份履歷是怎麼做出來的？按照這樣的狀態，履歷上所描繪的應該是另外一個人啊！還好公司制度中有試用期，倘若不動腦子的讓她直接工作，不知道會闖出什麼禍來。

於是我透過各種管道打聽消息，最後才得到一份真實的個人資訊回饋。學歷是偽造的，工作經驗相當於小學生的水準，僅僅是在履歷上面說的美容院工作了不到三個月，而且是因為工作態度問題被辭退的。因此手法也不是很成熟，有些專業性的任務根本不知如何下手，可履歷上卻堂而皇之的說自己已經具備了專業水準。這真讓人跌破眼鏡，當時冒了一身冷汗的我心想：「還真敢寫啊！這麼浮誇的人假如留在公司裡，不是禍患是什麼？」

於是我立刻請她離職，可沒想到沒過多久，一個同行的朋友打來電話說：「愛麗啊，你們那裡是不是曾經有個員工叫 XX 啊！她說她在你那裡做過，表現很好，我就把她留住了，沒想到專業水準那麼差，差點出事，你那裡什麼時候用過這麼糟糕的人了？」我一聽哭笑不得，原來開始拿著我公司的名字到外面招搖撞騙了，以後招募人的時候一定要小心再小心啊！

做人絕對不能浮誇，做事業也是如此。我常常對員工說：「想抓住客戶的心，就要給他最切實可行的建議，絕對不要因為想留住客戶，而肆意的浮誇效果。做出的承諾就要兌現，你說出的效果是什麼樣子，顧客在嘗試了產品以後效果就應該是什麼樣子，否則信任從哪裡來？名譽又應該放到哪裡？做人要守本分，做企業要誠實。把每一位客戶當成自己的家人，真心的提出自己忠實的建議，這樣才更容易贏得對方的信賴和認可。」

　　浮誇是一種病，有這種病的人往往是不可靠的。一個人活得越真實越能獲得別人的尊重，不論是做人還是做事，秉持實事求是，力求努力做到最好，沒有人會因為這一點而看低你。所以讓我們努力去做一個真實的人，一個說到就會做到的人，一個完完全全能兌現承諾的人。假如真能做到，即便沒有太多的自我包裝，別人照樣能看到你的價值。

能量：調配好自己，做正能量的載體

　　沒有經歷過迷茫，就無法為更多人指引正確的方向，未經歷失落，就無法告訴別人什麼是喜悅。儘管生活裡，很多人都在談論「正能量」，實際上負能量才是逼著人往前走的初始力量。能量是一種追隨，而每個人都可以做它的載體，將最美好的部分不斷延展，深入到更多人的心裡。

（1）心想事成是一種能力

　　無意間翻開曾經的日記，裡面滿滿記錄的都是一個不斷奮進女孩的憧憬和願望，那一個個期待實現的目標，包含著她對美好生活的嚮往和深情。如今，一一對照下來，感覺自己真的是一個幸福的人。那些昔日渴望得到的，如今已經得到。那字跡間敦促自己一定不要變動的目標，要麼已經實現，要麼已經走在了實現的路上。儘管時光匆匆而逝，我仍然隱隱能聽到曾經的自己，在那裡一遍又一遍的重複著：「愛麗，一定要成功，愛麗一定要得到，因為那是你的夢想。」如今的我已然成為了自己想要的樣子，當昔日美好的期待，如今一步步成為現實，我的心也徹底沉浸在幸福之中，它是如此快樂、積極、有愛，它是那麼的堅定、睿智、果斷。它還在指引著我繼續往前走，而我的內心也不再被任何事情所迷惑，因為幾十年的閱歷，讓我真切的了解了自己，我知道自己想要什麼，也知道如何去實現。

終於簡單
—— 心如明月境如水，簡簡單單好好活

　　曾經的自己來到陌生的城市，只想幫助父母還清所有的債務。三年之後，憑藉著自己的努力，終於完成了自己的第一個心願。

　　曾經的自己在大城市無所依靠，嚮往著能在這裡安身落腳，而如今的自己已經立足於此，成家立業，擁有了自己的家庭和住處。

　　曾經的自己，愛美卻捨不得花錢買上一身漂亮的衣服，現在卻能做到每天換上一套漂亮的裙子，一年樣式也不會相同。

　　曾經渴望自己能當一回歌手，在錄音室裡發出自己的聲音，而今已經圓滿了願望，擁有了一首屬於自己的歌。

　　曾經對著地球儀發呆，渴望踏上他方國土，看看外面的世界。如今可以做到每年至少去兩個國家旅行。

　　曾經的自己對著團隊的員工說：「所有人都富足，才是我真正的富足。」如今旗下的團隊成員裡，每年都有 20 人實現了買房買車的願望。

　　曾經一個人孤身奮戰的時候，渴望著一個深愛我，可以讓我依靠的肩膀，如今經歷了幾十年的婚姻以後，我們再次舉辦了二次婚禮，相約來生還要一起走。

　　曾經的自己渴望透過自己的努力能幫助更多的人，如今已經成功的收養了幾百個深受不同困難的孩子。

　　曾經渴望用自己的思想和聲音影響和鼓勵更多的人，如今每年要參加不下 100 場演講。

　　曾經……還有那麼多曾經，如今都已經成為了現實。

　　有人說我是幸運的，但在我看來，心想事成的鑰匙不是幸運，而是一種能力。是一種在不斷規劃、不斷努力、不斷實現中對自身價值的驗證。假如人生真的是一場夢，那讓這場夢越做越美的人一定是自己。掌握好生命中的每一個選擇，認真完善好生命中每一個環節，才能最終找到呈現理想的光。

說到這裡，就想起了自己 20 年前的一段經歷：

那時候的我，還在努力的在別人底下工作，為了省錢，將房子租在郊區，由於每天很晚下班，每次都坐末班車。那一天，疲勞了一整天的我，迷迷糊糊的在車上睡著了，半夢半醒間被售票員的聲音驚醒，以為已經到了，糊里糊塗的就跟著別人一起下車。回頭一看站牌，立刻傻眼了，自己不但下錯了站，而且距離到家還很遠。

我記得，那一年的冬天很冷，風刺得人臉都會痛。看著下車的人紛紛散去，路牌上指示此地的名字為某某公墓。一看是墳地，當時自己就打了個寒顫。怎麼辦？那個時候沒有手機、沒有電話，偏僻的路上也找不到計程車，郊區一站的間隔比市區多了兩、三倍的距離。兩側全是墳地、墓地，大樹緊密的排在兩側，把本來間距較遠的路燈光線擋住，遠處只有一條像極了黑洞的馬路，不知道有多遠、多長。

當時才 20 歲出頭的我，穿著一雙高跟鞋，獨自走在夜路上，當寒風吹落樹葉的沙沙聲響起，我的額頭就冒出細細的涼汗。忽然眼前穿過一個黑影，頓時把我的心都要嚇出來，仔細一看原來不是鬼，是一隻黃鼠狼。一個人站在原地調整了兩分鐘，告訴自己不過是虛驚一場，於是又開始邁開步伐繼續前行。到家的時候一看錶，足足走了 70 分鐘。

現在回想起來，這段回憶宛如一場境遇的參悟。我們每個人都坐在通往夢想和渴望的車上，在不經意的瞬間，難免也會經歷下錯車的尷尬，一路陌生的境遇會讓我們不知所措，有未知，也有恐懼，說不定還會時不時的竄出一個什麼東西來嚇唬你一下，搞一個你真的不想陪他玩的惡作劇。但不管怎樣你都不要輕易放棄，只要繼續往前走，往你覺得正確的方向走，用前方的希望去安撫自己的情緒，用強大的信心點亮內心的智慧，就一定可以重新回到夢想的軌道。

如果說人生真的有什麼能夠心想事成的奇蹟，那麼實現這場奇蹟的鑰匙就是堅持，一位企業家說：「成功沒有捷徑，堅持著去做了，即便不是什麼聰明人也能成功。」我知道，相比於很多人而言，我算不上最聰明的，但絕對是最努力的。我不相信自己如今所得到的一切僅僅是因為幸運，因為那是一種能力，一種可以穿透層層阻礙，直達夢想彼岸的能力。它讓我從柔弱走向剛強，不但笑出了強大，還抓住了身邊所有的美好。

（2）做幸福的光，將美好傳遞出去

回想人生，總結起來，那就是一段又一段追求夢想的旅程，儘管在深邃的記憶中，那歷經風雨時的傷感時常會在腦海中湧現，但它並不能影響那顆始終不移、追尋美好的心。

初來大城市的時候，看著外面一片繁華，心中就在那裡默默的問自己：「愛麗，你的美好在哪裡？你要朝著哪個方向追尋？這個城市那麼大，你究竟可以在那裡做什麼？你可以創造什麼？又能得到什麼？」如此這般反覆思考以後，我開始深深的意識到美好的一切不僅僅是生命中的一場追逐，它是可以用自己的雙手去創造的，每個人都可以用心的建設屬於自己的夢幻城堡，當我們的靈魂在其中安住的時候，靈感就會在我們的期待下不斷湧現，而那時候的我們，自然會找到經營它的方法，並對未來有了更前瞻的規劃、更深度的展望。

記得那時的自己早出晚歸，每天都累得腰痠背痛，為了能夠快點幫父母解脫苦海、還清債務，我將一肚子的心酸放在心裡，在無數個寂靜的深夜，不斷的對自己說：「愛麗，你不會永遠這樣的，你一定要學會創造美好，你也一定有能力實現美好。」

就這樣，三年之內我還清了父母的所有債務，把他們接到城市同住，從此再也沒有分開過。那時候感覺有爸媽在一起的感覺真好，儘管每天的工作還是那麼忙碌，但是做起事情來心裡比以前踏實多了。這時候我意識到，自己是父母的依靠，所以有責任讓他們過上更幸福的生活。那麼究竟自己應該怎樣兌現心中的期望呢？思前想後，最終決定，不管怎樣都要闖出一條屬於自己的路。

就這樣我將自己的事業訂立於「美業」，用心的去學習，傾情的去工作，並不斷尋找和創造著成功的機會。每當有了一個獨處的時光，我就會用筆記錄下內心的感悟，讓自己對未來的發展前景有一個更深入的剖析和認識，我開始嘗試規劃，在心中不斷構思著自己的事業。那個時候，我經常把自己想成一個專業的美容機構領導者，手裡帶著好幾家連鎖店，每天這些店面都會出現各種不同的問題，而面對這些問題，自己又該如何解決呢？就這樣，我把這件事當成了茶餘飯後的自我遊戲，我不斷的對自己提問，然後不斷的在工作中尋找答案，時間一長，能力便有了突飛猛進的提高。眼前的店面，從一個抽象的概念，慢慢變得清晰起來，精細到了每一個細節，如何設計裝修？如何進行員工培訓？如何有效的對產品進行選擇？行銷模式是什麼樣的？帳目財務管理應該怎樣運作等等一系列的規劃，逐漸在我的頭腦中形成體系，於是我開始意識到，自己內心渴望實現的那一步，已經越來越成熟了。

如今「名媛」已經成為一家國際化的醫療美容連鎖機構，分店已經遍布各地，走向世界，實現一次又一次突破性的成長。而每當我回想起當年開第一家店的欣喜，嘴角仍舊會露出笑意，一切都是那麼有條不紊，一切都在意料之中呈現了。幾十年的努力耕耘，如今的「名媛」正朝著更高的目標邁進，我不但開啟了實現夢想的大門，還交到了眾多志同道合的

朋友，擁有了強大陣容的團隊，也擁有了一大批對「名媛」青睞信任的客戶。而此時的自己突然意識到，一個人的成功並不代表什麼，真正自身價值的展現，來源於對別人愛心的傳遞，讓更多人的生活因為你的存在而美好，才算是真正意義上的幸福。

於是，我感覺身上的責任越來越重了，一種企業家本能的使命感開始不斷的在心中湧動，彷彿在說：「愛麗，走了這麼遠的路，你已經完成了一次美麗的蛻變，而後面的人生還有更重要的事情要做，你要讓更多人幸福，要成為傳遞正能量的載體，你要幫助更多的人看到希望，他們就在遠處等著你，需要你的幫助，需要你的分享，也很願意與你一同創造更美好的幸福，更偉大的成就。」於是從那一刻，我下定決心，一定要成為美好能量的傳遞者，用自己的愛去努力溫暖這個世間更多的人。

上師說：「能量是可以彼此傳播的，真正強大的內心，是可以讓接近他的人，瞬間感受到與他相同的平靜和安樂，佛陀是如此，眾生也同樣有能力做到。我們可以成為正能量的載體，可以成為地心上的正念引力，將美好的一切吸引過來，再傳播出去，最終身邊就會不知不覺的匯聚起一股強大的能量，一種所有人都能感知到的幸福能量。」在思想不斷的昇華過程中，我開始意識到，當我們的內心真正放下一切的需求，只專注於滿足別人的需求時，付出多少的努力，就能獲得多少人喜悅的歡笑，而這才是自己生命中最幸福、最有意義的事情。

人生就是一個成長、成熟、成為、成就的過程。我們每個人都是正能量的載體，每個人都是宇宙中幸福的光束，我們要將溫暖傳遞給更多的人，要讓他們在追逐與幸福中覺醒，迎著更精彩的篇章，唱著最動聽的歌，一路奉獻，直到永遠……

轉念：世間縱有煩惱無數，轉念便是柳暗花明

　　相由心生，種種的煩惱和憂慮完全出自於我們意念中的想像，你覺得它痛苦，它就是痛苦的，你覺得它快樂，它就是快樂的。人生的收穫往往就在於一個轉念，只要你能換個視角看問題，就會發現沿途風光與你的想像真的很不同。

（1）思路變了，境界就變了

　　一件物品乍看樸實無華，但轉換個角度，說不定就是一件稀世珍寶。一條岔路看似是一種生命的迷失，但轉變思路卻意外的發現了更美的風景。一朵玫瑰花，欣賞的角度不同，給人的感受是不同的。如果只看到花下的刺，那麼你只能活在充滿荊棘的世界，但如果你能轉變想法向上看，就會發現原來刺的上面，是一朵散發醉人香氣的玫瑰花。儘管人生的旅程盛滿了未知，但假如你很善於轉念，就更容易從覺悟中成就自己。

　　生活是一邊修行、一邊修心的過程，面對人生中的喜怒哀樂，我們能做的只有讓自己的心智強大成熟起來，將自己的想法注滿智慧之光，從此不再被不開心糾結，也不再為開心陶醉。讓人生自主自在，讓每一天因自己淡定的內心而變得安詳美好。

　　算數下來，自己在這世間也已走過了四十多個春秋，回想那往昔的風風雨雨，我首先想到的不是抱怨而是得到，我對曾經所經歷的一切都心懷感恩，沒有了它們，也就沒有現在的我。它是我生命中的一部分，是絕對不可以缺少的一部分，它們讓我學會了很多，直到回頭來看的那一刻，才深深的被自己感動了。

　　儘管那個時候，自己因為家境的改變被迫輟學，未滿十八歲就一個人隻身來到異鄉，這裡充滿了機遇，也充滿了競爭，有人在這裡飽嚐到了成

功的喜悅，也有人在壯志未酬的失落情懷中傷感。而小小的我此時真的是毫無概念，不知道自己的朋友在哪裡，也不知道將來意味著什麼。心裡只有一個目的，既然來了，就要把錢賺到手裡，因為錢是目前最能解決自己家庭問題的東西。

於是很長時間，我都過著在別人眼中沒有快樂、沒有自我的生活。在那個最愛美的年紀，我沒有一件漂亮的衣服，沒有一瓶屬於自己的化妝品，更別提什麼家世和學歷。每天要做的就是早早的起來，然後到了夜深人靜的時候才拖著疲累的身體回家。每當有朋友問我：「愛麗啊，面對曾經的那些苦日子，你就一點也不覺得遺憾嗎？」而我只是笑笑，堅定而從容的告訴他：「一切都是最好的安排。」

沒有這段經歷，我想我不會如此的珍惜現在，如果沒有這段經歷，我就不會那麼深刻理解到父母的不易，沒有這段經歷，可能我還一直身處在父母疼愛的溫床裡，而那自立自強的矜持不知道什麼時候才能被激發出來。沒有那段經歷，我就意識不到知識的可貴，我或許會忽視很多深入學習的機會，走上的是另外一條與當下截然不同的路。

所以每當我翻開相簿，看到當年那個帶著稚氣微笑的自己時，心中最想做的事情就是去好好的擁抱她，感謝她曾經的堅持和努力，感謝她那股不認輸的精神，感謝她在無數夜晚獨自深刻的思考，才有了我今天如此幸福喜悅的人生。假如人生可以重新來過，我還是會選擇如今的父母，還會選擇這樣堅忍不拔的人生態度，我還是會來到這座大城市，即便赤手空拳，仍舊無懼無畏。我相信自己可以憑藉自己的努力創造更多的財富，在這個相信能力的世界實現自己人生的價值。我仍然會在面對困境的時候選擇微笑，因為我相信，只要是我想要的，就一定可以得到，只要是我想超越的，就一定可以超越。

　　這個世間，幸運與不幸，往往來源於我們對它的看法和感受，至少在我看來，曾經所經歷的種種所謂的不幸，在轉換了角度以後，都成為了我生命中的幸運。它是一枚具有神奇能量的幸福種子，總要為破土而出的那一刻經受歷練，為了這一天它必須不斷的為自己儲備能量，不斷的強大自己的內心，這樣才能以最飽滿的狀態迎接太陽。每當想起這一切，靈魂就倍感溫馨和滋潤，它讓我的人生更加坦然、更加快意、更加隨性、更加安詳。

　　人生就是這樣有趣，一件看似很糟糕的事情，轉念一想竟然是上天恩賜給自己最美的提示。假如你可以帶著好奇心去發現、去回味，總是能夠從中咀嚼到生命不一樣的味道。所以如今的我，對任何事情不排斥，也不急著評論，時刻保持平和的心態，淡然的對待一切。我努力的在每一個境界中尋找轉捩點，不斷的轉換自己看到問題的角度，才發現沿路的風光與自己想像的真的很不同。

　　曾經讀到這樣一個難忘的故事：

　　在俄國爆發革命的前夕，一名神父在路上遇到了一位士兵，士兵立刻警覺起來，拿起槍對準神父說：「你是誰？到哪裡去？你為什麼來這裡？」聽了這三個問題，神父反而笑了起來，毫不驚慌的問道：「他們每天給你多少錢？」士兵一聽有點驚訝，但還是快速的回應道：「25 盧布！」「哦，親愛的，我有一個提議。」神父沉思了片刻說道：「假如你每天都把我攔在這裡，強制我回答這三個問題，那我每個月會付給你 50 盧布。」士兵聽了，思考片刻，最終收起了槍，向神父深深的鞠了一躬。

　　人生需要轉念，乍看我們遭遇的是痛苦，但只要稍微的變動一下位置，你就能從中發現豐富的寶藏。其實在我們每個人的心裡，都應該有這樣一個士兵，都應該時刻提醒自己這三個問題。神父不過是讓對方的話拐

了一個彎，卻瞬間昇華了這三句話的層次。其實每個人的內心深處，都存在著這種智慧，思路轉變了，眼界就跟著轉變了，而人往往更容易在這轉變的過程中成就，提升了覺悟，也豐富了自己。

（2）如果此生能夠換一種活法……

一個女孩失戀了，邀請我到她家做客，一進家門，給人的第一感覺是一片狼藉，衣服胡亂的堆在洗衣機上，床上也堆滿了雜物，梳妝臺前有些瓶瓶罐罐都還沒有蓋上蓋子，廚房裡，蔥頭和胡蘿蔔斜躺在砧板上，吃過飯的鍋子還沒有刷。一看就知道，這家的主人目前心思凌亂、精神不振。我問她屋子怎麼會變成這樣，她的回答是：「知道您來，我還下意識的整理了一下，如果沒整理，狀態可能更糟糕。」這話讓我大吃一驚，真的很難想像沒有經過她整理的屋子會是什麼樣子。

於是我直接問她：「你是不是覺得自己還沒走出來啊？」她點點頭說：「嗯，感覺房子裡到處都是他的影子，一會把我帶到以前的甜蜜，一會又讓人非常生氣，根本就沒有那個心情整理屋子，感覺亂點反而能把那個陰魂不散的傢伙蓋起來。這樣自己就能透口氣了。」聽了這話，我建議她要不然幫自己換個新環境，一切重新開始，境遇說不定會發生改變。她遲疑的看著地面，深邃的眼神裡包含著孤獨與迷茫。

看著她精神渙散的樣子，我在心裡不斷的尋找著開啟她心門的鑰匙，無意間嘴邊飄出這樣一句話：「親愛的，假如生命可以讓你選擇換一種活法，你願不願意抓住這個機遇，徹底改變自己呢？」她聽了這個問題，頓時愣了兩分鐘，隨後閉上眼睛開始認真思考，給我的回答是：「我會，而且絕不像現在這樣，我一定不會因為一個男人而將自己打敗，我會為自己好好的活，讓那個該死的他見鬼去吧！」

「那就從現在開始發生改變啊！」我順勢的說：「人活一世，經歷的就是哭哭笑笑，總有人會走近你，也總有人會離開你。但隨著時間的遠走，他們的影子都會黯淡下來，唯有你走著自己腳下的路。別人有別人的生活，有別人的故事，而這一切似乎與你沒有多大關係，你需要的是全然接受自己、愛惜自己。你的選擇決定了你身處的環境，假如你要光明，那就一定要學會熬過黑夜。」

「可我怎麼出來呢？我找不到出口，我找不到啊！」女孩抱起頭，傷心的流出眼淚。

看著她難過的樣子，我抓住她的手認真的說：「世上沒有真正的受害者，只有缺乏勇氣，不願意去面對真相的人。其實每個人都有幫自己度過劫難的法寶，如果你覺得沒有，只是你還沒發現而已……」

說到這，我想起了自己的曾經，那時候生活工作很忙，住的地方環境也很差，可自己的生活狀態卻是相當的好，每天照樣會把屋子整理打掃得乾乾淨淨，把床鋪得平平整整。只要有閒下來的時間就會捧起最喜歡的書，或者伴著夜晚昏黃的燈光在日記本上開始與自己交流，這一切都讓每一天的自己充滿力量，即便碰見不開心的事情也會及時做出調整，不允許這種狀態持續得太長。當然我也會出現不知所措的情況，但那時候我會冷靜的問自己幾個問題：「愛麗，假如人生可以換一種活法，你希望怎樣活呢？假如你已經想到了自己的活法，你應該為這種活法做些什麼？」

就這樣，一些消極的念頭通通被拋開了，剩下的只有一個更為空曠的內在空間，我將眼前的一切看成一項課題，不斷的在內心填充著正念的成分，我開始將這種痛苦的感覺分割成一個一個非常小的部分，並在每個環節裡加入對未來美好的展望。我用明天的幸福感去影響當下的自己，開始專注於事情本身，而不再專注於痛苦，反而很輕鬆的就解決了問題。

終於簡單
—— 心如明月境如水，簡簡單單好好活

　　所以在我看來，人生的幸福感在於意境的創造，生活不是我們想要它什麼樣子，而是我們要把它創造成什麼樣子。面對人生，不同的人有不同的態度，但總有一些人不管身處在什麼環境，都能讓自己幸福快樂的活著。即便是再難熬的日子，他們也會把它活成一首詩，這看起來很難，但關鍵在於你要不要為此付出行動。

　　於是我將自己曾經的這些經歷分享給了那個女孩，並鼓勵她：「倒楣總會過去的，只要你願意，現在就可以把未來分解成一個個可操作的事項，每完成一件事，悲傷就會少一分，給自己安全感，讓自己受到關心和呵護，就可以一點點從痛苦中解脫出來。這個世界上總有比你更慘的人，他們的生活凌亂無極，難事鋪滿了一地，卻依舊笑容燦爛。不是他們法力無邊，而是他們總能在難熬的日子裡，找到讓自己分散痛苦的支點，不斷的轉變思路，找到更有意思的活法。」

　　此時的女孩心思淡定了很多，我拍著她的肩說：「我相信你是個聰明孩子，絕對不會用過去的事來懲罰自己。有一本書上說：『沒有誰是一座孤島，每個人的人生都有無限可能。』看看你的可能在哪裡，新的活法在哪裡？找到了它，你就有了屬於自己的新起點。以你現在的狀態，什麼都不如好好的珍惜現在，你應該努力的讓自己成為生活的受益者，帶著希望點亮明天，好好的對待自己。」

　　女孩若有所悟的點點頭，我們一起下樓吃了頓飯，站在天橋上看著霓虹燈照耀下的夜景，我告訴她，在我眼裡霓虹燈是最美的，它曾伴隨我走過一段又一段迷茫的夜路，在天亮起的那一刻為我帶來了覺悟。而今再看霓虹燈時，臉上是一片燦爛的笑容，因為我已經找到了自己最滿意的活法。女孩對我說，她再也不會頹廢下去，她也要找到令自己滿意的活法。

　　所以，無論當下的你人生境遇如何，都不要在消極狀態裡過分糾纏，

因為痛有時會上癮。及時的調整自我，不斷的給自己關愛和祝福，心中就會重新裝滿希望。人生有限，不要總把它用來痛苦，每當黑夜來襲的時候，別急著傷感，冷靜下來問問自己：「假如換一種活法，你將如何生活？」然後閉上眼睛，讓心溫暖起來，告訴自己：「假如這個選擇還不錯，就朝著這個目標努力前行吧！」

本我：自度方得喜悅，自修才能修足

人生是一個自度成長的過程，它或許來源於對深處世界痛苦的領悟，不曾經歷就感受不到什麼才是真正的快樂。儘管在這場旅途中有得到也有失去，卻怎麼也無法心存僥倖的挽留下什麼。天雖慈愛，卻更青睞自度的靈魂，在自度中喜悅，在自修中修足。用心的去接納自己，用真摯的情感去擁抱自己，你就會離那個內心的本我越來越近，當眼前的路越來越明朗，臉上的笑容也會越來越從容。心是明亮的，思想是通透的，人生便不枉費走這一遭。自度得度，自修多福。

（1）接納自己，是對此生最大的厚待

曾經有個女孩對我說：「愛麗姐，不知道為什麼，我現在真的一點都不喜歡自己。看著別人要外表有外表，要能力有能力，自己怎麼努力就是達不到目標，心裡就特別難過。有些時候覺得上天真不公平，別人輕鬆就可以得到，自己拚勁全力也難以實現？每當想起這些，眼淚就不停的流，那傷心的滋味，都不知道用什麼語言來形容了。」

聽到這話我很心疼，關切的對她說：「親愛的，千萬不要這麼對待自己，因為人生最該善待的人就是你自己，只有你善待了她，她才能幫助你創造更多的希望。你想想看，你的靈魂和身體已經為你付出了很多。它們

155

帶你上路，陪你打拚，不斷的為你點亮靈性的火把，一口口的餵你吃飯，幫助你補充著能量。她是那麼積極可愛，你有什麼理由不去愛她呢？所以努力的給自己一個擁抱吧，全然的接納她，只要已經做到了最好，就不要再去考慮其他。一個人只有深深的愛上了自己，才有能力改變自己。但前提是，你真的意識到內心深處的需求了嗎？」

曾經聽過這樣一個故事：

有一個落魄的年輕人，蹲在廟門前痛苦萬分，一位老和尚出來問他發生什麼事，年輕人答道：「我一點都不喜歡自己，我的命運實在太悲慘了，看來我的未來是沒有什麼希望了。」老和尚一聽，笑笑說：「那我來看看你的命運。」

於是他攤開年輕人的手說，一邊看、一邊比劃著說：「這是生命線，這是事業線，這是愛情線。」

年輕人好奇的看著老和尚說：「您看懂我的命運了嗎？」

「看懂了！」

「那，那您跟我說說看啊！」

「呵呵，命運在哪裡？命運就在你自己的手心裡啊！你不去接納自己，自己又怎麼能改變命運呢？年輕人，做人要先學會百分之百的接納自己，接納自己的不足也接納自己的優點，用心的承擔起對自己的每一分責任，這樣你才能有能力更好的改變自己的人生。接納自己才是對生命最大的厚待。你厚待了自己，命運自然也會跟著厚待你了。」

聽了老和尚的話，落魄的年輕人若有所悟，他再也不意志消沉，而是開始積極努力起來，經過一段歲月的打拚，他成了當時富甲一方的商人。

生活中我們發現很多人對自己並不滿意，甚至有許多人都討厭自己現在的狀態，越是討厭越是沒有動力，越是會逃避，覺得命運對自己不公

平，殊不知生命中一切的一切都是我們為自己打造的，你不去學習接納，又何談去改變呢？

有人曾經對我說：「愛麗姐，雖然我現在活得讓人嫉妒，但是他們不知道我其實特別討厭現在的自己，我每天都在努力的討好別人，每天都活得很累，我有時候根本不知道真實的自己到底是什麼樣子，我失去了自我，這讓我活得很迷茫，很沒動力。有時候想：『賺再多的錢有什麼意義？自己都沒了，要這些錢有什麼用？』可第二天醒來的時候，自己又再次習慣性的變成了自己討厭的樣子。」

聽了他的話，我下意識的為他灌下了一口苦藥：「這是你自己選的，你喜歡和你討厭的樣子相處，上癮一樣的享受著這樣的狀態，還找出那麼多不能做出改變的理由。你以為別人都喜歡你討好的樣子嗎？其實想找回自己很容易，把一切全然的接受下來，然後認真思考一下怎樣才能成為最滿意的自己，然後對他負起責任，告訴他一定要有所改變，要不然你就繼續對那個自己討厭下去吧！」

美國作家 Debbie Ford 曾說過：「與其做一個好人，不如做一個完整的人；做一個好人，只是活出一半的自己；而做一個完整的人，則是活出全部真實的自己。」生活中很多人都會遇到這樣類似的問題，總覺得自己活得狀態不佳，別人的生活一片大好。所以心裡會感慨：「怎麼別人會與自己融洽相處，一派和諧，我卻把自己一逼再逼，將自己逼到無路可退呢？」

要我說，恐怕主要原因還是在自己吧？用心的問問自己，你真的能做到與自己好好相處嗎？你總抱怨他給你帶來了痛苦，又什麼時候切實在意過他的感受？你真的接受了他，包容了他嗎？不要忘了，那可是自己！是一輩子也離不開的自己啊！

　　所以，親愛的，用心的去愛自己吧，接納自己是對生命最大的厚待。當你真的學著去努力與自己相處，用心去傾聽他的需求，就一定會從中得到更多。人來到這個世界上首先要學會的就是與自己和解，心不困惑了，美好的一切才會如約而至。

（2）厚德載物，修德就是修福氣

　　有一次店裡請來一位專家舉辦講座，這位德高望重的老教授已經60多歲，當他在我的陪伴下推開辦公室的門，有兩名醫生很快做出反應，站起身來禮貌的向他問好，而別人只是象徵式的打了個招呼，事後老專家悄悄跟我說：「您這裡其他的醫生我不知道，但是今天主動起來打招呼的那兩位，未來一定是前途無量的。」於是我好奇的問：「是什麼讓您對他們那麼有信心？其實我們店裡的醫生每一位都是經過精挑細選，都是有非常優秀的技術經驗的。」老專家聽了笑笑搖搖頭說：「愛麗啊，一個人的才華假如沒有德行的搭配，就好比是一架裝修豪華的紙飛機，做得再精細，也是飛不上天的。」

　　聽了這話，我一下子頓悟了，這位在業界備受矚目的老專家，僅僅透過一個簡單的動作就分辨出來一個人未來的發展，由此可見德行對於一個人來說有多麼重要，它是安身立命之本，沒了它也就沒有了其他。

　　孔聖人說：「德薄而位尊，知小而謀大，力小而任重。」當一個人沒有德行卻登上了高位，對於其管轄範圍的人來說就是一場災難；一個人本來沒什麼智慧，卻非要把他送上軍師的位置，出來的主意可能一下就滅掉了自己整個的國家；一個人本來沒什麼能力，卻委以重任，到時候不僅無法完成任務，還不知道會惹出什麼事。作為一個企業領導者，既要慧眼識人的做一個專業的伯樂，又要時常反觀自己，看看自己身上有什麼問題，

有沒有觸犯了這人生的三條戒律。

在我的人生經歷中曾經看過這樣一個例子，明明自己可以藉著機會再接再厲，把財富提升到一個新的高度，卻開始驕傲自滿，妄自尊大，追求享樂，最終在路上跌了一跤，到現在也沒能爬起來。

那是在五年前，我認識了一個比我年紀小的小弟，透過一番努力的創業，三年的時間便組建了屬於自己的優秀團隊，創辦了以裝置銷售為盈利項目的公司。很快生意做得風生水起，不到兩年的時間就賺到了 1,000 多萬。一個三十出頭的年輕人，一下擁有了這麼多財富，他一下子就改變自己的狀態，先是買了一輛三百多萬的車，之後天天住在五星級飯店裡不回家，光司機、助理這樣頭銜的人就有三個，隨叫隨到，專門為他服務。用的、吃的也全部追求最高品質，儼然把自己當成了一個身價上億的富豪。

或許是上天覺得他奢侈得太不像話了，想好好教育一下他。他的公司沒多久就陷入了困境，股東之間有了分歧，各分兩派，公司在爭鬥和混亂中迅速衰敗，賠了好多錢，而我的這個小弟也因此又回到了他創業前的樣子。

有句話說得好：「厚德載物。」一個人只有德行到一定程度，才能承載天地，才能成就大事。我的這位小弟或許一開始就不明白，財富是透過什麼而來的。曾經的自己心懷遠大，積極進取，所以上天才給了他應得的鼓勵，但當他在物慾面前沖昏頭，拋棄了德行之本，開始肆意享樂，時間長了，全身圍繞的都是不思上進的習氣，當自己的那點福報散盡，厄運自然會飄過來給他當頭棒喝，為的就是讓他能夠記住這個教訓。不管做什麼事，都不能太飄，當一個人在慾望之下，心開始飄飄然的時候，禍患可能就會在這時候潛伏著一點點靠近你。

道家的老子說過：「禍兮福所倚，福兮禍所伏。」一個人遇到的是福

還是禍，主要看的還是自己的德行，有了德行才能開慧，開了慧才會具備強大的能力，由此看來，人生最重要的一件事就是自己的道德修養。而人生旅程的本身，就是一場斷除自身貪嗔痴慢的修行。每天反觀自己，用心的反思功過，對好的境遇沒有痴心，對壞的境遇也不動情，將更多的精力專注在自己真正要做的事，不斷去付出，不斷的去奉獻，靈魂才能昇華，人才不至於被慾念的魔鬼吞噬了自己。

人生就是一個自度的過程，看清本我，傾聽內心世界最純正的聲音，生命就不會因此而迷茫，這樣的自修才真正有意義。生命所謂的修足，無外乎「德行」二字，先把德修好了，一切自然會得到。

第八章
取捨 —— 放不下慾念，人遲早是要累的

　　生命之妙處，均在一捨一得中。得是一種感悟，捨是一種智慧。人生痛苦的來源，就在於一個放不下，可包袱太多遲早會累的。生活的煩惱，就在於一個捨不得，可心事填得太多會悶的。在我看來，無爭便是自在，豁達一點，方能寧靜致遠。當我按下那個內心的按鈕，重新審視那些迴避取捨的你我他，竟然整個人都被震動了，慾望的陷阱那麼多，人很容易無形的被「綁架」，與其在其中果腹糾纏，不如專注的做好自己。取捨之間，留下的一定得是自己需要的。

選擇：一年挖十個坑，不如十年挖一個井

　　想成功嗎？方法很簡單，認準一條道路，然後持之以恆的走下去，十年以後你就是這方面的菁英。然而這個世界太浮躁了，浮躁到很多人都無法堅持自己的理想，路才走了一半，就已拐了無數個彎，我們想尋求捷徑，卻一次次走到了人生的岔路口。我們每天都在被「不可能」和「我想要」左右著，結果越走越迷茫。業界有句至理名言：「跳槽窮三月，轉行窮三年。」心不定，你就只是在挖坑，但心定了，地下的水才會湧出來。人生沒有幾個十年，但相比於一年挖十個無用的坑，花費十年打出一口井也是划算的。

（1）是誰糾結許久，還是選擇了原地

　　這是一個充滿糾結的時代，我們每天都有靈感閃現，但到頭來還是什麼都沒有做。並不是我們沒有產生過去做的念頭，而是只要再努力想那麼

終於簡單
—— 心如明月境如水，簡簡單單好好活

一點點，就會被諸多「或許」、「如果」搞得頭痛不已。最終我們的意志消沉了，不再想繼續了，那心中美好的亮光也在這種失落中黯淡下來。其實我們時常也想放手一搏，但真到了關鍵時刻就喪失了勇氣，就這樣三年又三年，不知有多少人糾結許久還在原地打轉，不知道有多少點子在一天之中快速的流失，試想一下，假如我們每個人有生之年都抓住一個點子，投入自己的一生去實現它，或許這個世界早就不知道要超前到什麼樣子。

回顧一下我們的人生吧！是誰寧願忍受著鄰居每天叮叮咚咚的吵個不停，發誓再也不要忍受這一切，可租約到期的時候又低著頭續租了半年。是誰痛恨著毫無樂趣的工作，無數次下定決心不再續約，卻在這一天好不容易要來臨的時候，恨不得雙膝跪倒求上司再給自己一次機會。是誰早就厭倦了一份感情，恨不得馬上將它結束，卻竟然在對方拿出戒指的時候接受了。

人生就是這樣，我們的內心充滿矛盾，我們明明知道自己想要什麼，卻偏偏無意識的讓自己走向了另一條路。這究竟是為什麼呢？從心理學的角度來說，人嚮往的是一種平穩沒有波動的生活，一旦這種感覺讓他覺得平穩，即便是這種平穩並不能讓他足夠滿意，他也會義不容辭的堅持下去。可事實證明這完全是我們對自己設計的一個圈套，當我們走進這個陷阱的時候，就已經產生了一個無爭議的事實，那就是：「你必將錯過生命中無數個真正的美好。你將為了這份所謂的『穩定』而失去這一切。」但我們顯然從來沒有為這種失去做好充分的準備。

曾經遇到一個鄰居的女兒，一次見面，她羨慕的對我說：「愛麗姐，我真的好羨慕你，我以前也夢寐以求的想開一家屬於自己的美容院呢！」

「是嗎？那要不要說說你的偉大計畫？」我笑著問道。

「哎，當時自己還年輕，也沒錢，所以……」對方一臉尷尬的說。

「沒錢可以努力去賺啊！你可以先去美容學校學習，選一家優秀的美容院去工作，從基層做起，一點點的做到主管級的位置，學習他們的管理經營模式，這樣一邊進行資金累積，一邊學習美容院的經營策略多好啊？時機成熟就一定可以開一家屬於自己的美容院了。」

「哎呀，我當時也想，可是那時候老公不願意，說女人最重要的是小孩，結果我們就生了孩子，一生孩子就更沒時間了，天天都得圍著孩子轉。最後沒辦法，就找了一個小公司的閒職，混到現在，每天上班、下班的不思進取，那地方只要你不犯原則性錯誤，就沒人開除你，每個月就拿那麼有限的一點點薪水，我也覺得無趣。」

「那現在孩子都大了，你也沒什麼事了，為什麼不出來嘗試著完成自己的夢想呢？」

「都年紀這麼大了，幹嘛沒事找事做啊？再說，想去美容院工作，人家也不要我啊！」

「你不是有會計師證照嗎？你可以以另外一種職位進到他們的企業裡學習啊！」

「可是那裡也不穩定啊，等我學會了，搞不好政策又有什麼新變化了。哎！我就沒那致富的命，還是老老實實做個普通人吧！」

聽了這話，我就沒有再接話了，心想這不是你命運的問題，是你自己選擇的問題，糾結來糾結去，有那麼多可以選擇的路，自己一句「算了吧！」就全部都堵死了，這還能怨誰？你自己想在那裡原地踏步，別人想幫你都不知道怎麼幫，既然如此還有什麼好抱怨的？

真正的成功者都是努力到無能為力，還要再加一把力的人，這種堅定的特質是需要用我們的毅力不斷堅守的。這就好比很多人喜歡賴床，明明知道第二天還有一大堆的事情要做，也發誓要早起，可偏偏就是拒絕不了

熬夜的生活，早晨鬧鐘響了三次，卻還沉迷在被窩的溫暖，在要不要起床中糾結，最終好不容易起來，大把的時間已經流失了。但假如我們可以立場更堅定一點，在聽到鬧鐘的那一刻，強迫自己起來，運動半小時，洗個熱水澡，吃上一頓豐富的早餐，再看一個小時的書後，精神飽滿的去上班，你一定會愛上這種感覺，並心甘情願的將這種感覺保持下去。

所以，親愛的，沒有什麼不可能，也沒有什麼不可以，一切都是你自己想出來的，你糾結了一圈還留在原地，而有些人已經像箭一樣飛了出去，和人家比，你差的不是一星半點。人活著最大的遺憾，是上帝給了你一個不錯的點子，你卻最終把它當成了一時興起。這個世界雖然沒有隨隨便便的成功，卻可以將無意中的一個點子變成自己終身受益的財富，關鍵看你要不要得到，是一定要，還是把它當成了那個「不過想想而已」。

（2）別讓猶豫「綁架」了選擇

一天開車上路，發現前面的車子始終搖擺不定，一會向左一會向右的猶豫不定。眼看前方紅綠燈要變燈，後面的司機一個個開始按喇叭抗議，他也越發的緊張起來，最後直到紅燈亮起，他也沒有搞定自己的方向盤。

這時候坐在旁邊的閨密開始憤憤起來：「那人真不果斷，這樣多惹人生氣啊？這點小事都猶豫半天，還開車呢？」我聽了搖搖頭說：「這已經是常態了，方向盤上小猶豫一下無所謂，只要別出交通事故就一切 OK，讓人頭大的是人生決策上出問題，一會想做這個，一會想做那個，結果哪個都沒做成，一輩子就這麼耽誤過去了。」

「是啊！現在這樣的人實在太多了。」閨密接著說：「你就每天看著他們猶猶豫豫的，根本就不知道自己要幹嘛。」

「所以這就是差距，聰明的人只要自己想到就馬上立竿見影的做到，

人生有限，誰給你那麼多時間猶豫啊！向左也不是，向右也不是，那就自己去失敗好了。所以你看到有人生活得好，有人生活得不好，問題往往先出在腦袋，緊跟著就是行動。」

聽我這麼說，閨密驚訝不已：「好啊！愛麗！你什麼時候成哲學家的？這麼高深的悟道？」

「這算什麼高深的悟道？這就是感慨啊！遇見的事一多，往旁觀者的角色一站，就能把人生看得很清楚。就說人這一輩子，真的有很多地方可以更上一層樓，但就是這麼一猶豫，什麼也沒得到，這樣的人真的太多了……」

寫到這裡突然想起了小時候聽到的一個故事：

一個窮和尚要去很遠的地方取經，臨走之前來拜會好友富和尚，富和尚一聽他要去那麼遠的地方取經，就嘲笑他說：「就憑你現在的情況，怎麼可能呢？我想去那個地方很久了，但是一直沒有準備好，所以到現在也還沒去成呢！」窮和尚一聽笑笑，什麼也沒說。

一年以後，窮和尚再次來拜會富和尚，問他有沒有去那個遙遠的地方取經，富和尚搖搖頭，說自己依然沒有準備好，而這時候的窮和尚卻笑笑說自己已經把經取回來了。富和尚一聽很驚訝，問：「你是怎麼把經取回來的呢？」窮和尚指指手裡的缽和水瓶說，就這兩樣東西，足夠用了。

這個世界每天都會生產出各式各樣的新點子，但真到做的時候，很多人都猶豫了，開始擔心這、擔心那，在做與不做之間游離。而身邊的人更是會在一旁敲邊鼓的說：「我告訴你啊，如果出現了這樣的情況，你就得吃不完兜著走。」於是心裡開始恐懼了，顧慮越來越多了。有些人想，我得把事情想周全一些，可這麼一想就過去了好幾年。有些人則乾脆選擇放棄，消極的對自己說：「算了吧，點子不錯，但你真有那個能力嗎？」於是，我

們就在這樣一個又一個錯過中經營著自己的人生，一次次的從非凡落入平凡，最終在一次次失落與缺乏自信中成為了這個世間沉默的大多數。

馬克吐溫（Mark Twain）曾經說過：「我的一生曾經經歷過很多糟糕的事情，其中只有一部分事情真正的發生過，其他糟糕的事情都是我們想像出來的。」有時候我們的大腦就是喜歡這樣跟自己開玩笑，越是相當不錯的點子，越是會想出多種的「不可能」來折磨你，讓你游移不決。要想趕走這個不斷製造煩惱的魔鬼，那就讓自己快速的行動起來，不管前面的方向對自己意味著什麼，只要堅定了信念，就一定要去做。當你勇敢的邁開自己的第一步，一切的堅持和努力就變得有意義起來，緊接著第二步、第三步，也跟著順利成形了。有句話說得好：「千里之行始於足下。」沒有切實的行動，怎麼談進一步的規劃？真正的成功不是紙上談兵談出來的，而是一步一個腳印的做出來的。

所以，從現在開始斷除自己那個游移不決的壞毛病吧，告訴自己，只要想好就去做，不管結果如何，至少不會讓自己在未來的日子後悔。企業家因為對自己想像的堅持，有了一個強大的企業帝國，賈伯斯因為對自己創意的堅持，用一個蘋果敲開了一個嶄新的科技世界，而你也有這個能力和資格，只不過要看你願不願意去做。

別再被你的猶豫「綁架」了，因為你的點子對於這個世界來說彌足珍貴。

排解：做不了自己，你只能假裝很幸福

回望茫茫人海，所有人都在努力把自己最光鮮的一面展現給別人，然而當回到家裡，脫去那身雕琢精緻的偽裝，內心的孤獨就會徹底暴露。試想一下，假如別人眼中的完美只是假象，眼前的路也並非一片光明，為什

麼每天還是要在人前人後顯出很幸福的樣子？與其如此，不如努力為自己找個出口，放下心中的那份隱忍，痛痛快快做自己，讓自己活出自己真實的樣子，無論在別人眼中是好的、不好的，至少在自己眼中那是我們自己。

（1）其實……做自己也不錯啊

有時候覺得公司裡的一些員工小女生很可愛，每天歡喜悲傷都會掛在臉上，今天很開心，就會像快樂的小鳥一樣對我說：「愛麗姐，今天客戶對我特別滿意，我一定會再接再厲，我一定會越做越好。」明天不開心了，表情就會很失落地說：「愛麗姐，今天不知道為什麼，男朋友一通電話把我說得一無是處，我心裡特別委屈，回想起這麼多年在外打拚，這麼努力到底為什麼啊？」每次遇到這樣的情況，我都會用心的給她們一個擁抱，開心的時候如此，不開心的時候也如此，因為在我眼中無論是逆境還是順境，我們最應該做的就是給自己一個擁抱，擁抱那個不斷成長的自己，擁抱那個明知道不完美卻仍然向著完美努力的鏡子中的人。

曾經店裡有個女孩問我：「愛麗姐，有時候走在路上，看著那些衣著光鮮的漂亮女性，心裡總是好羨慕，覺得每一個人都過得比我好，自己的人生是那麼的微不足道。甚至有時候，這一切讓我覺得自己渺小得沒有意義。」聽了這話我趕緊做了暫停的手勢，認真的對她說：「不要這樣想，要努力想自己真的很幸福，人這輩子最不要做的就是羨慕別人，因為每個人的天性就是喜歡把最光鮮的一面展現給大家，但等到自己真的摘下面具，你知道他所真正面對的一切是什麼樣子嗎？有些痛是無法與人分享的，只能在夜深人靜的時候自己消化，而相比之下你反倒是他們羨慕的對象，比他們要幸福得多。」

終於簡單
—— 心如明月境如水，簡簡單單好好活

　　曾經有一個非常要好的朋友，人長得相當漂亮，那身材和長相真的不亞於任何一個當紅明星，她所帶領的團隊業績一直在業界數一數二，在社交能力上更是沒有話說。每到企業高峰會，或是某大型晚宴活動之際，穿著光鮮亮麗的她總是能成為整個人群的焦點，男人為她紛紛舉起酒杯，女人則在一旁種種的羨慕嫉妒。那時候感覺，人活成她這樣，不說是人上人，也是撥弄手指頭都能數得過來的幸福角色。

　　一次我們一起參與重大晚宴活動，因為結束時時間已經很晚，她主動提出開車送我回家，路上我們聊得很開心，這時我羨慕的說：「哎呀，你看你，現在活得多瀟灑，誰要是能像你這樣，那滋味美得大概都要飛上天了。我們公司裡就有幾個小女生默默的在心裡拿你當偶像呢！要不要幫她們簽個名呀？」

　　可沒想到聽到這話的她頓時沉默了，停了好久說：「我有什麼好羨慕的？都這把年紀了，還這樣瞎混，至今還是一個人，你知道我多想結婚嗎？可是沒人要我，我媽每次回家都為這事數落我，弄得我煩得要命，一過節就跟受重刑一樣。」

　　「得了吧！是不是你要求太高了？」我繼續打趣地問。

　　「你覺得我還敢提要求嗎？前段時間相親遇見一位男士，我覺得挺好的，但人家拒絕我了。原因是想生孩子，但是我這樣的年齡已經算是高齡產婦了。就這麼簡單，就把我 PASS 了。」

　　「以後還是會有機會的，至少你事業做得很好啊！」我下意識的安慰說。

　　「事業？呵呵，你是沒看到我痛苦的時候，前幾天為了談一個客戶，晚上差點被性騷擾，還有昨天為了專案能最終定下來，喝酒喝到吐，結果怎樣，今天照樣得該化妝化妝，該陪笑陪笑，這樣的事情是家常便飯。

哈！我已經不在乎了！愛麗，你現在可以問問你店裡的那些小女生，還想過我這樣的生活嗎？」

聽了這些話，我沉默了！心裡滿滿的都是同情。這讓我意識到，每一個人光鮮的外表下未必埋藏的都是喜悅和陽光，當他們將虛擬的光環拿下來的時候，很可能心裡也在有意無意的羨慕著別人，或許那個羨慕的對象，恰恰就是在一旁對她羨慕嫉妒得快要瘋掉的你。

人生是由自己定義的，在別人眼中的順境，不一定是真正的順境，在別人眼中的完美，也不一定是真正的完美。最快意的人生就是放下這些逆與順，完美與不完美的定義，開開心心的做自己。每個人都要自己走一段路，在這段旅途中，我們一點點的放下過去，才能把更美好的陽光照進未來。

假如人的一生中真的有什麼事情是自己無法選擇的，那麼就帶著微笑安靜的接受它，把它當成一種經歷，當成一種自我覺悟修行的工具，用心的陪伴自己，努力的把那個受傷的靈魂拉回到陽光裡，沒有那麼多悽悽慘慘戚戚，只要仰望蒼穹，我們仍然可以吟誦出一份豪邁。發揮內心的能量，放鬆下來，正如詩人魯米說的那樣：「此刻我們是苦痛，也是苦痛的解藥，我們是甜蜜涼水，和潑水的罐子。」

經歷必然的經歷，成長應該的成長，你會發現，做自己本身就是件不錯的事。

（2）在體驗傷痛的時候，學會微笑

我認識一位資歷相當深的講師，講臺上的她風姿綽約，但一談及感情，臉上就總掛著一絲難言的憂傷。幾年前她被戀人深深傷害，兩個人相處了十年，突然有一天對方就不告而別的消失了，臨走前還帶走了家裡所有的存款。

終於簡單
—— 心如明月境如水，簡簡單單好好活

　　本來覺得已經有了十年的感情基礎，所以這位講師一直都是將所有的錢交給戀人管理。這一突發事件，讓她一點心理準備都沒有，頓時覺得泰山壓頂，整個世界都昏暗了。就這樣，本來在講臺上無比自信的她，因為接受不了現實，在家裡哭暈過去好幾次，根本不知道下一步該怎麼辦。

　　幸好身邊還有幾個不錯的朋友，聽到消息紛紛趕來出手相救，幫她熬過了那段最難的歲月。如今幾年過去了，透過自己不懈的努力，這位講師早已擺脫了困境，再次站在了自己深愛的講臺上。

　　此時，有些朋友開始幫她物色對象，鼓勵她再往前邁一步，說不定下一段戀情會很幸福。但這位講師彷彿心裡有了陰影，一次次的退縮下來，她說自己得了情感恐懼症，已經不敢再輕易接受任何一段感情。因為每次一談到情，曾經的回憶就會像放電影一樣浮現，讓她再次陷入傷感的深淵。

　　就這樣，這位講師人到中年還是孤身一人，氣質良好，道德也很高尚，是大批學員心中的完美老師，但就是這樣一個人，內心隱隱的痛，卻怎麼也無法在時間的長河中淡去，每當痛苦發作的時候，她就會陷入悲傷和恐懼，不知道如何出離。她曾經坦白的告訴我：「一個人的時候，我經常突然一下就翻到了過去，我極不情願的回憶著，我努力的勸自己不要想，但每一次出現這樣的狀況還是會有一種驚魂未定的感覺。正所謂一朝被蛇咬，十年怕草繩，我想我心裡是生病了。」我勸她還是要學會放下，因為過去的已經過去，曾經的傷痛是不可以影響現在的，難道真要用別人的錯誤懲罰自己一輩子嗎？這樣做真的值得嗎？

　　每個人的人生中都會出現很多問題，而我們面對問題的第一反應，往往是一種極不舒服的體驗。當悲傷、憤怒、沮喪、恐懼、低落、焦慮一點點的透過身體侵犯到我們的思想，人們首先想到的是逃避，因為那種感覺

太痛苦，痛苦到自己不願意去面對，我們不斷的想出各種方法讓自己逃離，可這種感覺卻陰魂不散的始終跟著你，直到把你逼到死角，直到你落入它的手裡。這時的我們呼吸開始急促，心裡還在不斷的重複著：「我不要接受，我還能逃到哪裡？」

憂鬱是怎麼產生的？在我看來，所謂的憂鬱就是一個人習慣了與痛苦相伴的感覺，甚至已經適應了它存在於自我世界的味道，假如有一天它離開了，自己反而會覺得缺了點什麼。那種感覺就好像是一隻受了傷的小狗，因為外出覓食而遭受了毆打，所以當好吃的美食擺在面前的時候，自己卻縮成一團，再也不敢靠近，想讓牠恢復天性，重新活潑起來，還要走上好遠的一段路。

但在我看來，我們的身心是有強大的自癒功能的，真正的強大的靈魂，是允許自己去體驗那種極為不好的感受的，當我們不再逃避，轉過身去勇敢的面對它，並在這種體驗中全然的接受自己，勇敢的為自己擔負起所有的責任，我們的呼吸就會慢慢安穩下來，此時你會發現，原來一切並沒有那麼可怕，我們完全可以掌握好整體，順利進入自我修復的環節，它會激發我們靈魂深處最強大的部分，讓我們身心充滿力量。好像在說：「這不過是感覺，這個感覺傷害不了我，凡是殺不死我的，都能讓我更加強大。」

此時的我們可以擺正心態，努力的尊重身體上的每一種感覺，用心的去觀察、去體驗，然後慢慢的將這一切放下，因為我們知道這一切不過是一種感覺，感覺是無法改變任何事的，而主動權始終都在自己手裡。世界不會因為誰的吵鬧而發生改變，我們的身體也是如此，感覺不過是瞬間造訪的過客，只要我們能夠好好的善待它，負能量很快就會消失不見。

所以，好好的去練習吧！在有限的生命裡，我們最需要的是保持好和

自己的有效溝通，我們不但要了解自己內心的需求，還要去理解它在不同階段的感受。不管它是美好的，還是傷感的，不管它為自己帶來的是怎樣的結果，我們都應該拿出坦然的心去面對、去接受。因為那是我們身體的一部分，我們必須無條件的去愛它、施予它，讓它漸漸從消極的黑暗中解脫出來，一點點體會到幸福的感覺。

我不知道多少人為得到幸福繞了多遠的彎路，但我知道贏得幸福的方法其實很簡單。全然的接受自己，然後努力的去營造那份被愛的感覺。假如人生是場夢，就掠過那些不好的情境好好的睡，即便開始的情節難免有些傷痛，但只要自己相信一定會幸福，那它就終將用最甜美的感覺回饋你。

無爭：要求越少，越「自在」

一個人之所以活得越來越自在，不是因為得到的越來越多，而是計較得越來越少。在這個競爭激烈的時代，人需要的是一片恬靜之地，需要在無爭的世界裡尋覓屬於自己的心靈花園。無須刻意雕琢，無須取悅別人，更不必要因為某人某事而過分糾纏，在這個花園裡，只有你自己，只有你自己最想要的人生，簡簡單單，再沒有慾望的牽絆。這時心裡才真正意識到：「原來要求越少，越容易找到幸福。」

（1）聰明的人，從不對事過分糾纏

果果是我朋友的女兒，最近她的心情一直都不好，問及原因，原來最近果果剛換了一份工作，在一家出版社做編輯，起初她覺得這項工作一定是非常有趣，可沒想到事實卻與自己想像的差距甚遠。

「我真的受不了他們的那種工作方式。」果果埋怨道：「明明就是一個一千多字的前言，要你反反覆覆的改來改去，而且更令我頭痛的是上面分

別有 A、B、C、D 四個主管，我改到 A 那裡，他要我那麼做，好不容易改到他滿意，B 又全部推翻了，讓 B 滿意了，C 又不認同了，最後好不容易三個主管都同意了，到了終極大 boss 那裡一看，又都否定了，對方沒好氣的對我說：『你看看這是什麼東西，能看嗎？』而這時候 A、B、C 三個主管就會在一邊幫腔，是啊，我們也覺得不對勁，讓她改了很多遍都不行。」

果果越說越傷心：「愛麗阿姨，你知道我當時的感覺嗎？整個人都要崩潰了，最後控制不住自己，趴在辦公室裡哭，一個前言有必要把人折磨成這樣嗎？這件事在我的腦海裡天天都在閃現，讓我對自己的能力產生了質疑，那種感覺實在是太痛苦了。我現在根本不知道該怎麼下筆，他們每天都在為一點點小事，糾纏得沒完沒了，像這樣的工作效率能有什麼好的成果。但他們好像從不在意成果，已經習慣了在每個細節中挑刺，挑剔成了他們每天工作的內容，想想看吧，和這樣的一群人在一起工作有多累。」

聽了果果的悲慘遭遇，我搖搖頭說：「如果你說的是事實，那我還是建議你換一個工作環境，和能帶給你成就感的老闆一起工作。因為在我看來，管理層次越高，越不會對事過分糾結，他們更懂得寬容，更知道如何引導下屬。而剛才你說的那些主管，似乎都還處在初級階段，如果你在那裡再繼續下去，不但人會越來越沒有自信，這種死板的管理方式還會讓你的思維受到局限。如果是那樣的話，就實在太可怕了。」

人生最重要的是快樂，生活在反反覆覆的計較裡，會讓你的人格變得狹隘，想找到自己真正的幸福感，不在於擁有很多，而在於計較得少。一個人如果真的想看清事情的真相，那首先要放下那份對事情的牽絆，不帶任何偏見和感情的看待一切，才能在最終發現問題，根除癥結。假如自己

這時候一味的去計較，去推卸責任，將注意力集中在那些不必要的對對錯錯，那麼不但浪費精力，還會耽誤更多寶貴的時間。

曾經有一個朋友就坦白說：「愛麗，回想當年，年輕的我對自己要求很多，計較的也很多，但計較來計較去，我沒有得到什麼，反而失去生命中最重要的東西。到了這個年紀，人一下子覺悟了，面對下屬身上的小毛病，自己也可以包容了。我不會再輕易發脾氣，也不會跟別人過多的計較什麼。因為我知道，這個世界上沒有什麼是完美的，你越是挑剔，越是會失望。而當你去體諒他人的時候，首先放過的就是你自己。」

那麼是什麼原因引起內心的計較呢？答案只有一個，那就是慾望。因為想得到的很多，所以才會總計較自己的付出與得到不成比例，這個世界才有了爭奪，從而又衍生出了壓力、痛苦、不平衡，有了種種我們不願意去感受的那些壞情緒。縱觀歷史不知道多少人因為管不住慾望，最終在計較的路上痛苦了一輩子，一點點的迷失了自己本來的樣子。

《後漢書・郭泰傳》記載了這樣一個故事：郭泰在太原的時候，一天在路上看到一個身背瓦罐前行的人，沒走幾步，瓦罐突然被碰掉在地上，只聽「啪啦」一聲，路邊的行人都嚇了一大跳。可讓人沒想到的是，那個行路人看也不看，繼續走他的路，好像在他的世界裡什麼事也沒發生一樣。

郭泰看著覺得挺奇怪，就主動上前去問：「為什麼您的瓦罐都碎了，也不去看一看呢？」那人回答：「破都破了，再看還有什麼用呢？」郭泰覺得此人談吐不凡，什麼事情都拿得起放得下，是個奇才，於是勸他進學，沒想到十年之後，此人就名聞天下。

一件事既然發生了，不去計較便獲得了自在，而糾纏的過程，只會加劇損失。所以與其去為誰得誰失計較糾結，不如從現在開始專注於事情本

身，有問題就專注於問題，能解決就努力的去解決，不能解決就努力的去接受，放下種種不該有的負面情緒，反而能夠更快更好的將一切又快又有效率的處理好。

所以，讓我們都努力做個聰明人吧，不要為那些無意義的事情計較糾纏，過多的計較得不到什麼，但無爭卻能不斷的累積你的福報，有句話說得好：「聖人不爭，故天下莫能與之爭。」不再對別人挑剔，也不再對自己計較，眼前的路會更開闊，心也會更敞亮。

（2）不討好了，先讓自己開心

羅伊・馬丁納（Roy Martina）說：「我生命裡最大的突破之一，就是我不再為別人對我的看法而擔憂。只有在我們不需要外來的讚許時，才會變得自由。」生活中我看到很多年輕人每天拚命的工作，一加班就是十一、二點，一問他們為什麼這麼努力，竟然答案是希望父母高興，希望老闆對自己認可。我不可否認他們的那份孝心很偉大，也對他們的敬業精神表示尊重，但卻很想問上一句：「你的人生難道不要為自己活嗎？」

事實上在現實世界裡，你會經常碰上將取悅別人當成自己人生終極目標的糊塗先生。不管做什麼事情，腦袋首先想到的就是別人。「我下樓來就買了自己一份外帶，同事小王會不會生氣啊？」「如果我把這份企畫案直接放到大 BOSS 手裡，總監會不會很沒面子？」「如果今天我說很累不想做飯，老公臉會不會沉下來？」「如果我說我想換份工作，婆婆會不會覺得我是在找理由不想工作？」總之，別人，滿腦袋都是別人，卻沒有時間多問自己一句：「親愛的，你想怎麼樣？怎樣做才能讓你更高興？」

前段時間我在網路上看到了一篇文章，標題為：「誓為悅己者榮。」頓時心中感慨良多。人的生命有限，過分的為別人而活，會漸漸沒有自

己，你會忘記自己喜歡什麼樣的髮型，會忘記自己的口味，不知道應該在嘴上塗上什麼顏色的口紅。你會忘記在生日的當天送給自己一份禮物，忘記在自己失落或欣喜的日子烹煮美食犒勞自己。總而言之，人生會因為缺乏悅己元素而乏味起來。

其實很多人都忘了自己為什麼要戀愛、為什麼要結婚、為什麼要工作，這一切都不是所謂的為別人，而是為了最大限度的滿足自己。戀愛是為了讓自己生命中有個伴，多一個愛自己的人，讓自己在熱戀中感受溫暖，在交流中彼此關心，我們不單單是要給別人快樂，也是為了要讓自己快樂。

結婚，是我們人生中一個非常重大的選擇，之所以這麼做，更多的也是來自於內心的需求，我們希望回家再晚也有一盞為自己守候的燈，我們希望有這麼一個人在睡覺的時候抱抱自己，一起靠在沙發上看電視。我們希望日子再忙，兩個人也可以一起吃早餐，然後關上門，手拉著手去上班。而這一切不單單是為了別人，而是出於自己的渴望。

所謂工作，老闆的那句「Great!」應該是一件附屬品，我們並不僅僅是為了得到別人的認可，儘管我們很需要錢。在每天八小時的辦公室隔間生活裡，我們最需要的是愉悅身心的工作狀態，我們應該不斷的告訴自己：「我之所以在這裡，是因為我很開心，我要開心的面對工作，開心的面對人生，如果它沒讓我那麼開心過，我想我早就不會在這裡。」

假如我們可以將角度轉變過來，我們人生每天的 24 小時都應該是以悅己為中心的。這樣的人生才是正常的人生，我們才能保證絕對的身心健康，帶著笑容和積極進取的狀態去迎接生命中的每一天。

一位知名演員說：「從小到大我一直都在討好別人，如今到了這個年紀，我真的討好累了，只想做自己喜歡的事，只想取悅我自己。」這個世

界只有自己是最了解自己的，假如你自己都不重視內心的需求，那還有誰會在乎呢？太多的人就是在沒有自我的狀態下，漸漸變得麻木，感受不到快樂，也感受不到悲傷，他們已經意識不到世間還有什麼更好的活法，而且人來到這個世界上是為了更美的享受生活。每當要採取行動，他們會很自然的先想到別人，宛如自己已經成為了他們的奴隸，倘若有一天這種感覺不存在，反而會讓自己不安心。試想人生若是如此，豈不是太可悲了。

人本身都是獨立的個體，我們需要用獨立的眼光去看待問題，需要更多可以獨立思考的空間，而太多人因為缺乏內心的安全感，而不斷的在別人身上尋找依靠，而所要付出的代價就是慢慢的喪失了我們自己。事實上，最好的人生是讓自己活得更鮮活，更真實的，我們不一定要活出別人眼中的完美，但至少我們可以活出屬於自己的那份完整，我們可以不再掩飾，大膽承認自己身上的缺點，因為人無完人，誰也沒必要因為這份不足而過分緊張。曾經有個藝術家說得好：「我特別希望我老了，最引以為傲的作品是我這一生的軌跡，就是我這不妥協的一輩子。」

人生短暫，一定要記得多把時間用來取悅自己，因為不管外面的世界怎樣運轉，人還是要為自己而活，正如你始終都逃避不了的那件事，要一個人去面對人生。

豁達：每一個發生，都有天賜的驚喜

對於人生而言，除非你掌握了宇宙世界真正的祕密，否則真的無法決定下一秒自己會擁有怎樣的經歷，但幸福的是，不管我們經歷了什麼，都會收穫豐碩的成果和財富，它是上天的賜福，是一份意外驚喜。面對無常的世界，保持一顆平常的心，無論酸甜苦辣，去接受它、體會它，心就會跟著豁達開朗起來。假如你也覺得沒有波瀾的人生，必將平靜得了無生

趣，那就勇敢的接受生命給予我們的各種經歷吧！要相信它指向給我們的一定是一條幸福的路，因為我們的心本身就是渴望幸福的。

（1）越是錘鍊，越有味道

那天完成手裡的工作，便去慰問還在一線辛勤工作的團隊，她們正認真的為客戶講解，為客戶提供協助和服務，直到最後一位客戶帶著滿意的微笑離開。看著她們辛苦的樣子，自己不知道是應該心疼還是鼓勵。這時候中間有個女孩子開始撒嬌的跟我說：「愛麗姐，一個普通人在這樣一個大城市，想實現夢想真的好難啊！每天累到如此疲憊，誰能知道在不久的明天自己會成為一個什麼樣子呢？」聽了這話，我拍拍她的肩膀說：「不悔初心，做好自己，讓身心充滿正念，早晚你會與眾不同。」

或許因為經歷過和這些孩子相似的經歷，我深深的理解他們在這座城市打拚的不易，也真心的希望給予他們最大程度的幫助和關愛。但從另一個角度而言，這何嘗不是每個人生命錘鍊的必經之路？人只有在這樣的歷練下，才能越來越強大，越來越充滿自信，最終完成自我蛻變，擁有屬於自己的味道。所以，每當他們感覺勞累辛苦，或遭遇挫折的時候，我都會默默的在一旁陪伴他們，不斷的鼓勵，卻不過加干涉，因為我知道，只有幾經考驗而不悔初心的靈魂，才更受成功青睞，生命才會更豐富，人生才會更幸福。

回想自己小時候，雖然生在鄉下，但在那個物資匱乏的時代，小小的我在爸媽的疼愛下能吃到蘋果、香蕉和糖果，一到春節，爸媽就會把一身漂亮的新衣服平平整整地放在我的床上，那時候爸爸是村長，我們家是村裡第一個富裕家庭，當時這樣的條件，即便走遍全村也找不出第二個。

但沒想到這些美好，會在我上小學四年級的時候化為泡影。記得那天

放學回家，一推開門就看到院子裡橫躺著一個病人，幾個人圍在那裡議論紛紛，父親蹲在地上愁眉不展的抽著菸，母親在屋子裡獨自哭泣。看到這樣的情景，我趕忙跑去問爸爸到底出了什麼事？爸爸低著頭，一句話也不說，只聽著那群人嘴裡說道：「人病成這樣都沒錢看，這年沒辦法過，我們過不了，你們也別想過。」

後來我才知道，那些人是來討債的，因為父親承包的磚廠倒閉了，我們家一下子欠了一大筆的債，討債的人因為家裡有病人沒辦法照顧，就把病人擺在我們家，以此來討債。後來母親把整個村子熟人的錢通通借了一遍，借到了一點，那些人拿了錢才一個個的散去。從那以後，我們家每天都有討債的人上門，家裡的生活完全改變了，好吃的水果和糖果不見了，漂亮的新衣服也不見了。爸爸媽媽的頭髮不到一個月就幾乎全白了。

之後我上了國中，學費是剛剛結婚，手頭也不寬裕的二姐資助的，那時候家裡的負債已是天文數字。從那以後，家裡幾乎窮得連菜都沒得吃。

記得那時候自己上國中要住校，爸爸每個月給我的伙食費，為了減輕家裡的負擔，我每次只花一點點。除了主食和麵條，其他的一概都捨不得吃。即便這樣，高中沒念完的我最終還是輟學了，因為那時候高中的學費不低，而家裡的經濟情況已經杯水車薪。所以辦完輟學手續的我，決定到大城市去闖一闖，想辦法幫爸媽減輕負擔，趕緊把債務還清。

就這樣，年少的我隻身來到異鄉，不知道自己能做什麼。恰巧當時有個老鄉在做服裝批發，便在她的指點下做起了轉售服裝的小生意。那時候的自己每天都是起早貪黑，早上兩、三點鐘起床，晚上到了十點鐘還沒有回家，城市裡的各大特賣會和那數不清的天橋路邊都曾經留下我的足跡，至今每當我途經這些地方的時候，仍然倍感親切，宛如一陣過去的風，在那一個點讓我看見了曾經的自己。

　　三年的時間，雖然身在大城市卻沒有去過任何一個著名的景點，每到春節的時候，年三十才坐上火車的我，初二就開始急著返程。三年的時間沒有睡過一個好覺，每天腦子裡想的就是快點賺錢，快點幫爸媽減輕負擔。三年沒有吃過一頓大餐，沒買過一件新衣服，為的就是把所有的錢都存起來，絕對不在自己身上浪費。就這樣經歷了三年，我終於幫爸媽還清了所有的債務，並順利的把他們接到了大城市，一家人終於可以團團圓圓的在一起了，這種美好的感覺讓我覺得，曾經付出的一切都很值得，而現在的自己又是如此的幸福。

　　時光飛逝，當年的小丫頭已經是個不惑之年的女子，她有了自己的事業，有了自己的家，透過努力換得了更為幸福的生活。每當回味當年的過往，嘴角便會淡然一笑，曾經的迷茫與傷感，早已在歲月的洗禮下淡去了痕跡，而心中的美玉，已經在無數的歷練和雕琢下，展現出了清透圓潤的光彩。

　　每個人的一生，都有自己不同的味道，生命本身都是自帶光環的，我們在經歷的過程中感知自我，在堅持的過程中點亮未來，我們相信自己能得到，所以明天一定不會辜負自己。這個世界上沒有隨便的成功，所以也不應有輕易的放棄。每個人都要在自我雕琢的過程中學會承受、不斷磨礪，上好那堂學會堅持的必修課。所以用心的去提煉屬於自己的味道吧！祝福自己早日明心見性，夢想成真。

（2）每一次成長，都是久別重逢

　　美國著名節目主持人歐普拉（Oprah Winfrey）曾經說過這樣一段話：

　　我一路掙扎，走過、哭過、逃避過，繞了一圈又回到原點，才開始與自己和解，開始懂得笑看一切……

　　然後，此刻，我確實知道的是，隨我走過這趟旅程的你，將會擁有無與倫比的發現，因為你發現的，會是自己。

　　人生在世，春去秋來，一年便是生命的一場輪迴，我們伴著晨起的太陽，辛勤的耕耘，在午間揮灑著痛並快樂著的汗水，而當纍纍碩果帶著金燦燦的微笑向我們招手，我們的雙眼卻在著眼於更遠的方向，儘管外面天氣開始涼了，但一路追尋的心卻從未磨滅，假如有一天能放下世間的紛紛擾擾，痛快淋漓的做自己，那是上天對我們多麼大的成全啊！回想起來，我們已經太久沒和自己交流，我們一再的忽視著他真實的需求，日子過得越來越忙碌，我們卻把自己弄丟了。

　　人的一生是經歷成長的一生，從赤手空拳的來到這個世界，到雙手攤開著離開人間，中間記錄的全部都是自己成長的故事。我們要在有限的生命裡，完成自己的人生課題，光陰有限，紙張也不富餘，內容要求卻很豐富。我們每天都在經歷考驗，但並不是每個人都能做到落筆有神。當自己與生命中的「本我」不期而遇，久違的親切與感動就這樣一點點開啟了智慧，而當我們跟隨回憶重溫舊夢時，真切的覺悟便順著經脈融入了血液，它是如此獨特，如此美好，如此樂觀，如此真實。

　　曾經有人問我，人生是什麼？我告訴他：「人生是一塊生鐵，只有不斷的被錘鍊，不斷的去敲打，才能最終修得百鍊成鋼。」

　　曾經的自己在事業和生活上也遭遇過各式各樣的困境，資金陷入癱瘓短缺，愛情選擇遭遇迷茫，員工被對手瞬間挖走，一切都來得自己措手不及。當這些事實擺在自己眼前時，說實話，心裡也會發慌，也會不知道該怎麼辦。但我知道除了自己的腦袋和一雙手外，我真的沒有別的誰可以依靠，所以每到這時，我都會努力的讓自己安靜下來，對自己深情的說：「愛麗，不要慌，這不過是一場考驗，你一定可以獲得高分。」於是努力

的深呼吸，告訴自己一切都會過去，然後開始總結，全然接受，努力思考解決問題的方法。

當問題得到圓滿解決的那一刻，我覺得整個人都輕鬆了，生命宛如經歷了一場洗禮，終於可以在喜悅與成就中安住下來，此時覺得，柔弱的心變得更加剛強了，靈感將智慧的心燈點亮，它讓我意識到了自己的強大，讓我在不斷的自我鞭策中成長，它讓我在處理事情的過程中不斷覺悟，讓我知道什麼才是人生最重要的。這個世界上沒有幾個人是天才，即便事情沒經歷過，也能每次想出絕妙的處理方法，這種能力大多是從豐富的人生閱歷中得到的。人生只有經歷過，才知道該怎麼辦，才會不斷的從中總結經驗，才會有能力把自己的下一次做得更漂亮。

每當深夜來臨，我就會獨自一人安靜的回味一會過去，此時，曾經的自己就會悄悄地走過來和我說話，像一個小祕書一樣幫我總結經驗教訓。而未來的自己也會時不時的站在我前面，向我描繪自己明天的樣子。她彷彿就在那裡喃喃的說：「假如夠努力，你會上升到這裡，假如你不努力，你就只能在那裡停留不前。」

說實話，我很享受這種與自己交流的方式，一個小時的獨處，自己就會學到很多東西，它讓我超越時間、空間的限制，與每一時段的我互動交流，我們久別重逢，卻來不及敘舊，大家群策群力快速的將力量凝聚起來，全身心的投入到當下最重要的事。

我知道總有一天，鐘錶會定格在我生命的最後一刻，而那並不意味著結束，而是一個嶄新的開始。我會走進一場自己與自己的團聚，與那親密的老友重逢在一起。生命在成長中蛻變，自性在磨礪下昇華，我不會抱憾於這樣的旅程，因為它是我人生中不可缺少的部分，我珍惜那份自己給予自己的陪伴，在不同的階段，在不同的境遇，那都是上天給予我最美好的禮物。

第九章
歸零 —— 轉了一圈，還是要回歸起點

再過若干年，我們都將離去，對這個世界來說，我們徹底變成了虛無。我們奮鬥一生，帶不走一草一木；我們執著一生，帶不走一分虛榮愛慕。人生難免順境逆境，成與敗，得與失，不如早點將這一切「歸零」。古語云：「三千繁華，彈指剎那，百年之後，不過一捧黃沙。」經歷一切，釋然一切，珍惜每一寸光陰，品讀人生每一段歷程。人生處處皆美好，沒必要給自己那麼多負累，輕裝上陣，凡所遇到的，都是生命的美意。

低調：知道自己想要什麼，就無須張揚

擁有智慧和才華的人必定是低調的。低調的才華和智慧像是懸在精神深處的皎潔明月，早已照澈了內心，行走在世間裡，眼睛是明亮的，內心是淡定的。只要知道自己想要什麼就好，知道想要什麼就無須張揚……

（1）名利勞身，也不過一世浮華

老子有段話說得好：「寵辱若驚，貴大患若身。何謂寵辱若驚？寵為下，得之若驚，失之若驚，是謂寵辱若驚。何謂貴大患若身？吾所以有大患者，為吾有身，及吾無身，吾有何患？」這裡說的就是名利對於一個人的困惑。當一個人突然得到了名利時，心中一定是很高興的，但從此內心就開始不安起來，腦袋開始想入非非，心想：「哎呀，自己可千萬不能把這份名利給丟了，如果丟了自己該多沒面子啊！」於是每天為了這份虛無飄渺的東西寢食難安，那狀態還不如當初一開始就沒有得到。人這輩子所

經歷的一切憂患，主要原因是我們太在乎自己身體的享受，如果拋開那份藏在靈魂裡的虛榮心，整個人就會輕鬆很多，也更容易集中精力，朝自己所嚮往的方向努力。

從事美業這麼長時間，常常會遇到一些顧客毫不掩飾地對我說：「愛麗，你能幫我達到蛻變效果吧！老實說我花這麼多錢是有明確的目的性的。」我聽了這話便問她究竟自己心中滿意的效果是什麼樣的。結果答案著實讓我震動：「我就是想成為明星，我就是想嫁入豪門，否則整形對我來說有什麼好處？我受這些罪為了什麼？人再怎麼活也是拋不開名利的，自己享受不到這份回報，為什麼要掏這份錢呢？」

每次聽到這樣的答案，我都會很認真的告訴對方：「親愛的，人之所以要追求美，是為了能夠經歷一番自我修善後，遇見更完美的自己。來到這裡的目的不是追名逐利，而是為了成為自己理想中的樣子，是為了讓自己更快樂、更有自信。這裡是回歸自性的天堂，不是慾念叢生的集聚地。因為美麗是無價的，它如血液般融入了我們的身心，這與別人本就沒有關係，因為你要做的是你自己。」

這是一個慾望叢生的時代，每個人都在為自己的慾念所累，得到的人誠惶誠恐，得不到的人垂涎若渴。他們想盡辦法，努力地奔向所謂的「錦繡前程」，卻在貪婪的利誘下失去了本真，喪失了情感，陷入了一個又一個爬不出的泥潭。就名利而言，對於淡泊者而言，不過是個玩物，而對於利慾者來說，那就是陷阱。假如自己對心中的那份定力還有諸多的不確定，那麼最好的方法是靜下來思考，認認真真地問問自己：「這輩子，你最想要的是什麼？它真的有利於你的身心嗎？你又能從它那裡得到什麼呢？」

走了這麼遠的路，如今的我，真的可以做到不再為這些虛無的名利所

累了，不管別人怎麼認為，我還是自己本來的樣子，我還是在經營自己的人生，還是在用心過著屬於自己的日子。面對名利這東西，我時常會把它想成一杯水，正如一句諺語中說：「上帝給每一個人一杯水，於是你從中飲入了生活。」面對這色彩斑斕的世界，很多人會在這杯水裡加入不同的佐料和顏色，好看的時候會對它的美心生恐懼，難看的時候自己又對眼前的它難以下嚥。而對於我來說，它最好的狀態，就是一杯清澈透明的白開水，雖然喝起來無色無味，但對於身體而言卻是一種最營養、最解渴的飲料。

每當生活出現了諸多的不平靜，我時常會一個人靜靜地坐在佛堂裡，讓名利的汙垢隨著敬拜佛前的一縷檀香慢慢沉澱，然後閉上眼，將各種的慾念一點點地從腦海中清空消散。隨手捧起經卷，閱讀經文，心也跟著一點點撫平下來。那一刻，我看到了自己，一個在賺到了種種名利和慾望後，孑然一身的自己，一個無比自由自在的自己，而面對那些所得到和已失去，也終於可以眉頭舒展，淡然處之。

（2）最不值錢的就是「優越感」

曾經有一則諺語這樣說：「如果想樹立仇人，就表現得比任何人都優越。如果想得到朋友，就讓朋友表現得比自己突出。」這個世界上人與人之間有本能的吸引和排斥，你越是謙卑，別人就越願意接近你，你越是炫耀，別人就越會貶低你。很多人覺得在人前顯示出自己的「優越感」是件很榮耀的事情，一旦聽到別人的恭維就會忘乎所以。可我真的想問上幾句：「親愛的，你真覺得對方說的和自己心裡想的一致嗎？假如不是礙於面子，人家憑什麼要這麼做？你覺得你自己真的有那麼優秀嗎？」

在這個崇尚能力的時代，即便你有三寸不爛之舌，把自己的生活說得天花亂墜，炫幸福炫得別人一個個滿眼崇拜，生活該是什麼樣，還是什麼

樣。不會因為別人的讚美多一分，也不會因為誰唏噓少一點。

曾經認識這樣一對要結婚的小倆口，新郎說：「老婆，我一定要幫你舉辦最豪華的婚禮，讓所有人都知道我有你這麼一個漂亮的新娘，我們一定能幸福。」

新娘卻沉思片刻說：「親愛的，婚禮不要辦了吧！在我看來沒有什麼意義，我們旅行結婚，去世界看最美的風景，只有我們兩個人。」

新郎猶豫道：「那你真的不準備接受別人的祝福了嗎？我真的想讓所有人知道，我們未來會很幸福、很幸福，我們就是要高調的在一起，我們就是要用最高級的婚宴款待他們。」

「可婚姻是兩個人的事啊，再高調的炫耀，最後還不是要平平凡凡的過日子？在我看來這一切不過是浮雲。親愛的，你看黛安娜王妃（Princess Diana）和查爾斯三世（Charles III），那婚禮真隆重，舉國歡慶，全世界的領導者都遞上賀信，那又能怎樣？該離婚也離了，王子和灰姑娘的浪漫愛情劇結束了，誰也沒有從中得到真正的幸福，有什麼意義？炫耀那麼半天又有什麼意義？」女孩沉默片刻說：「相比之下，我更看重的是我們的幸福，有辦婚禮的錢，我們可以兩個人一起去經歷更多美好的事情，因為結婚本來就是我們兩個的事，有一張結婚證書就夠了，接下來的時間，我們可以很低調的在接下來的人生中填滿我們兩個人的幸福。我們不必炫耀，因為幸福才是我們這輩子的真正榮耀。」

老一輩總是教導我們：「一定要低調做人，高調做事。」可太多人為了一份人前的優越感，而沖昏了自己的頭，他們每天都在表現，好像想讓全世界都知道自己活得很好。但越是這樣，心裡越是壓力重重，一種莫名的恐懼油然而生，彷彿在說：「這場戲既然開始了，無論如何都得唱下去，絕對不能有破綻，否則自己到時候就沒臉見人了。」可想想這樣的狀

態時間長了，難道就不覺得累嗎？自己始終在努力維護的究竟是心裡的安定，還是華而不實的「優越感」？

曾經從一本書中，看到一位記者採訪神祕富豪家族羅斯柴爾德（Rothschild）繼承人的介紹，當下這個家族的最高繼承人是一對老夫婦。儘管外傳他們的家族富可敵國，可兩個人真實的生活卻是平靜而低調的。他們穿著簡樸，和藹可親，每天吃著最簡單的飯菜，對任何人都謙卑有禮。他們從來不會讓任何人因為他們本有的高貴身分而難受，相反地，跟他們坐在一起，你會感覺很舒服，因為他們給人的感受就是一對非常善良而且平易近人的老夫婦。

在交談的過程中，夫婦倆對記者的生活噓寒問暖。當記者談到自己最敬佩的設計師是皮爾卡登（Pierre Cardin）時，老夫婦笑著說：「啊！我認識他，他是我的好朋友，你很想見他嗎？我幫你打電話，讓你專訪他，一切應該沒有什麼問題。」記者當時以為老夫婦只不過是隨便說說，可沒想到採訪過後不久，她就接到了這對老夫婦的電話：「我已經跟皮爾卡登先生說了，他同意，而且很開心接受你的專訪，目前他在出差，說要再等幾天，你放心，我會留意，幫你把時間定下來。」聽到這個消息，記者非常感動。

越是高貴的人越是低調，越是有內涵的人越是謙卑，所謂的優越感，不過是你與不同參照物之間比較出來的。而真正可以讓別人感到舒服的，永遠是一顆平易近人的心。一個人靈魂的高貴要比任何物質的高貴都重要，越是到達頂點的人越是不會受到「優越感」的牽絆，因為在他們眼中，一切不過是捕風，不如多做點別的事來取悅自己。

人生在世，知道自己想要什麼就好了，張揚沒有意義，炫耀有失品味，一切的「優越感」都猶如捕風捉影。擺正自己的姿態，成為道德高尚的人，去做道德高尚的事，才能得到道德高尚的幸福和喜悅。

和諧：讓身邊的人都好，才是真的好

當一個人從平凡走向成功，漸漸在眼前有了一條嶄新的路，心中最大的渴望不是快速的登上頂峰，而是帶動身邊的人和他一起向著那個至高的目標不斷衝刺。一個人即便爬得再高也是孤獨的，只有讓身邊的人都好，才是真的好。和諧生活就是一路有你，互相欣賞，其樂無窮。

（1）靜靜埋下六根柱子的福祉

一年下來，我又迎來了自己的生日，每年公司裡的孩子都會用各種形式幫我慶祝生日，不斷的給我驚喜，這次我一進店，就看到桌子上整整齊齊的擺滿了賀卡，賀卡拼成了一顆紅心，讓人倍感溫馨。打開賀卡，在品讀這一字一句間，我跟隨著他們的回憶，跟隨著他們的成長，宛如和他們一起看到了明天的希望，這一切的一切都成為我日後前進的動力，讓我暗自下決心，一定不能辜負了孩子們的期望，要帶著他們一起幸福、一起快樂，一起擁有更美好的明天，更美好的自己。

員工信札一：

親愛的崔老師：

您好！

跟隨您已經十四個年頭了，我從一個不懂事的小女孩，成為了我們公司的榜樣，不但實現了買車買房的願望，而且給了我做人做事的成長機會。您放心，我一定要跟您一起走過下一個十四年，下下個十四年，因為我愛您，我會一輩子跟您在一起。

佩佩

員工信札二：

崔小媽：

生日快樂！

沒與您相遇之前我不知道什麼是人生規劃，什麼是人生目標，在跟您7年的時光裡，我從一無所知如一張白紙的小女孩，擁有了獨立思考、獨當一面的能力，並快速的成為了團隊裡的榜樣。不但在這裡買了房子，有了家，還完成了送爸媽一間房子的計畫。

如今的我，已經為人妻，老公雖然高學歷，在大公司任職，但他說每天自己的能量都來源於我。他總說：「老婆！哪裡都不要去，就和你們崔院長在一起，那會是你一生的幸福和財富。」這讓我更加有信心了。我能擁有今天的一切，都離不開您為我們規劃的那六根幸福柱子的福祉。

崔小媽，我愛您，我們都愛您。

曾經讓您操心也讓您費心的秦美

員工信札三：

感恩崔老師：

在「名媛」的三年裡讓我懂得了專注才有力量，承擔就是成長，愛就是領導力。以前我做過很多職業，我不服輸，我有能力，但我仍只是一個領薪水的人，沒房、沒車、沒未來。而這三年是我出來工作成果的幾倍，不，應該是幾十倍。我擁有了兩間房子，一輛 Jaguar 轎車，有了屬於自己的理想伴侶，成為了整個家族的驕傲。

這時我才知道，您背後用了多少的時間、精力和智慧，才匯總出這麼有力量的六根幸福柱子。心中被您的謙虛包容和愛心折服。

接下來的時間我不會停止自己的腳步，我願意和有想法、有遠見的人

189

在一起，從您的身上，我永遠都看不到停下腳步的那天。我知道那不再是慾望，而是一種強烈的內驅力。對了，最重要的是愛和使命。

崔老師，我愛您，願和您一起創造更大更多的人類奇蹟和幸福。

祝您生日快樂！

張海東

……

看著這麼多孩子們的信札，我的心裡無比的溫暖，如今擁抱幸福六根柱子的孩子一個一個在成長，一個一個在成就，我的心裡也有著說不出的喜悅。曾經的自己就是秉持著這六根幸福柱子的福祉一路走來，如今擁有了屬於自己的美好生活。而令我更興奮的是，如今公司裡的孩子們，也一個個的沿著這六根幸福柱子的福祉一步步的創造著屬於自己的美好生活。看著他們安居樂業幸福的樣子，那份心裡的成就感，比任何豐厚的財富還要寶貴。

那麼這時候你一定會問，愛麗老師，您所講的這六根幸福柱子是什麼呢？究竟它有怎樣的魔力，能夠讓您身邊那麼多普通的孩子，最終成就了屬於自己的幸福生活呢？其實原理也很簡單，一切重在規劃。所謂幸福的六根柱子，他們分別是人生歷程中精心規劃的不同階段：

1. 選對產業平臺。
2. 要有自己創造的美好安樂窩，實現有房、有車的目標。
3. 選擇同頻的伴侶。
4. 替父母買房、買保險。
5. 生個健康寶寶，規劃孩子的良好教育。
6. 健康的旅遊規劃和奉獻社會的慈善規劃。

這六根幸福的柱子是一種幸福人生的自我昇華，不同的時期不同的奮鬥目標，不同的努力方向，最終從小家到大家再到國家，一步步擔負起屬於自己的使命和責任。在我看來每個人來到這個世界上都是有天命的，把持好自己的目標，擔負起自己的使命，人生就會越走越好。

看著這麼多孩子因為六根幸福柱子的規劃，生活發生了翻天覆地的改變，自己的內心在喜悅的同時也越來越踏實從容了。在未來的歲月裡，相信我們的公司，和公司裡的孩子們會走得越來越好，讓我們點燃內在能量的火把，帶著善良天真的情感，循道而行，成為小家、大家，乃至國家的希望和驕傲，在明天的舞臺上奏響屬於自己嶄新的華美樂章。

（2）找到可靠助力，借勢發展自己

曾經不少同步發展的朋友問我：「愛麗姐，『名媛』發展到今天越來越好，有什麼竅門嗎？」我想了一下，回答她說：「首先要學會感恩，感恩自己的對手，感恩那些能夠從各方面鍛鍊『名媛』，提升『名媛』的人，他們是『名媛』的助力，也是『名媛』最好的老師，他們是承載我們的風，讓『名媛』的翅膀更加堅實，讓『名媛』能夠在借力的過程中，不斷前進、不斷學習，越飛越高。」

人是不可能單打獨鬥活在這個世界上的，從一開始智慧的他們就懂得彼此借力，發展自己。其實人的一輩子都離不開別人，不管你從事什麼樣的工作，在哪裡生活，身邊都少不了要和人打交道，而每個人身上都有一股力量，假如你夠聰明，就可以有效的將這種力量變成自己的助力，從中不斷吸取知識和能量，最終強大自我。

我經常在對公司員工培訓演講時告訴大家：「其實每個人都活在助力當中，你每讀的一本書，每見的一個人，都會對你的大腦有所影響。所以人

終於簡單
—— 心如明月境如水，簡簡單單好好活

一定要學會在借力中修行，選擇好一個優秀的平臺，和心目中優秀的人在一起，不斷的借力，不斷的互相影響，你就能成為和他們一樣優秀的人。這是一個彼此獲利的過程，越是志同道合，越是能夠迸發靈感。當然即便有些人在與你相處中，讓你感覺並不舒服，但是這絲毫不影響他將正能量傳遞給你，你需要不斷的用腦思考、用眼發現，說不定下一刻，你就被他的挑剔和責難拉到了一個更精緻完美的世界，而你對自己的要求也會更加嚴格。這是好事，世間的每一個人都有能量，關鍵看你怎麼從中獲取，假如大家都能掌握這門技術，那麼我敢肯定，你一定可以成為一個相當優秀的人，不管你從事什麼樣的職業，都將是人群中那個最出類拔萃的。」

之所以會說這些，是因為自己就是這樣一步步走過來的。曾經的自己夢想著有一家屬於自己的美容院，但是從經營到技術，腦袋裡都是一片空白。那時候我就想，總不能現在零經驗就把自己好不容易存下來的錢全都投出去吧！假如血本無歸，自己豈不是又要回到過去？於是我進行了周密的計畫，我找到了一家非常有權威性的美容學校進行學習，在那裡結識了很多朋友，她們從知識技術上不斷的幫助我、指點我，最終讓我在技能上得到相當大的提升，可以熟練的應對操作各種美容美體項目。但這絕對是不夠的，有了技術，管理還是一片空白，所以我對自己說：「你還要找到更能幫你解決問題的群體，去找一家最高級的美容院吧，不管怎樣一定要進去，去向他們學習，直到將裡面的一切企業管理、企業運作技能駕輕就熟，你就可以做自己要做的事了。」

於是在進行了一番精心準備之後，我終於如願以償的進入了當時最高級的美容院。在那裡我又學到了很多，這對我來說是一個新天地，我在其中又結識了擁有更高遠見想法的朋友和管理者，她們的思考方式和管理策略讓我著迷，那時候我每天都會把他們教會我的心得寫進日記，成為了日

後創辦美容院的累積。

如今我擁有了自己的企業，也在業界擁有了一大批表現卓越、精明能幹的朋友，他們的思想境界，每時每刻都在影響著我，而在與他們的合作中，我身上的能量也越來越強大了。這時我才意識到人為什麼要不斷突破極限、上升高度，因為不同的高度上有一個不同的世界。進入這個世界的金鑰匙，就是借勢。不斷的謙虛向別人學習，不斷的去和各方面高於自己的人做朋友，因為他們會讓你的視野大開，會讓你眼睛明澈，會讓你的行為蛻變，會讓你越來越好。

曾經有人說：「你想成為什麼樣的人，就要和什麼樣的人在一起。」當一個人提升了自己的圈子，就會發現自己所能借助的外力昇華了，當你在這一群人的影響下，改變了自我，從此世界觀、人生觀都會有所不同。當一個人將心裡的那句：「你能幫我解決什麼問題？」改變成了「我有什麼能夠幫到你？」他的思想便已經開始在別人的外力影響下昇華了。那顆守在身體裡的靈魂，就在這樣的滲透影響下不斷提升到更高的維度，就此身心強大，充滿愛、力量和無限可能。

如今我將生命中一切的經歷都看成是一種在借力中的修行。我感謝上天、感謝朋友，感謝那些直接或間接幫助過我的人，在他們的幫助下，我的翅膀越來越堅實，我的笑容越來越燦爛，我的氣場越來越和諧，我的人生因為有了您們的存在而徹底改變，散發出了別具一格的絢爛光彩。

釋然：終於可以用溫柔的眼光看世界

經歷得多了，看待這個世界的角度也不同了，曾經覺得外面的世界有精彩、也有無奈。自己很努力很努力，只想能夠在那裡有一塊屬於自己的天地。時光飛逝，如今的我已經告別了那段青春，卻發現自己終於可以用

最溫柔的眼光去打量世間的一切，不管是悲是喜，那都是上天賜予我的完美禮物，當一顆心釋然了，不斷感恩了，生命自然會得到昇華，看到另一番別樣的美景。

（1）內心失衡，只因尚未看透人生

有一天朋友來店裡做客，我們一起脫下鞋子，赤腳登上樓梯進入二樓的佛堂，席地而坐，一縷檀香、一盞清茶，談天說地，好不自在。只見她回頭看了看靜坐的佛陀感慨道：「愛麗，什麼是真正的平衡？」我聽了這話好奇的問：「你指的是哪一方面呢？」「各個方面吧！比如這個世間有的人很努力，能力也很強，卻注定一生為別人工作，只能落得個解決溫飽。有些人並不出色，但不知道哪天抓住了一個機遇，一下子就成功了！再比如同樣一批人一起進入公司，十年後有人成了自己的老闆，有人做了業界高階主管，但有人還拿著一份普通得不能再普通的薪資，這樣的平衡感究竟從哪裡找呢？所以我覺得現在的社會讓人都開始生病了。主要原因就是怎麼也解不開心裡的這個結啊！明明起初大家都是一樣的，怎麼有的人就成功了，有的人就沒有這個機會呢？」

聽了朋友這麼一說，我的臉也嚴肅了起來，回想一路走來的日子，我或許也算是一個幸運的，雖然也經歷了不少苦痛的考驗，但至少現在自己對當下的生活非常滿意，也很知足。現實有些時候就是那麼的殘酷，它讓我們不得不向命運低頭，明明是有交集的一群人，卻在之後各自擁有截然不同的生命軌跡，有人一崛而起，有人一蹶不振，有人在成功與失敗間游離，究竟問題出在哪裡？人與人之間又差在哪裡呢？

回想起來，假如一個人單單只是仕途不濟也就罷了，至少身體還健康，還能在這個世間多看幾年浮華。而就在此時，不知道醫院裡躺著多少

病號，每天經歷的都是生死之間的掙扎，相比較而言，或許他們更想不通，為什麼躺在病床上的是自己。曾經就有一位生病的朋友坦言，每當躺在床上回憶曾經的種種，心裡就會一個結、一個結的想不通，想自己從出生到現在，雖然不能說沒犯過錯誤，但也罪不至死啊！在很多人眼中，自己還算是個不錯的好人吧！怎麼病魔非就單單看上了她？曾經的自己在工作上勤奮努力，當仁不讓，在家裡也是一把好手，深受丈夫信賴，可是現在自己卻只能躺在床上，看著點滴管一滴一滴的流進身體，除此之外什麼都做不了。真到跟自己較勁的時候，覺得進病房打掃環境的阿姨都比自己幸福。那種內心的傷感，沒有經歷的人是無法真正理解的。

我一邊回想，一邊沉默，終於還是被朋友一個「嘿」給叫了回來，我笑笑說：「人活一生，修的是自己那顆心，而修心的過程就是平衡的過程，心修好了，處處是極樂，但心失衡了，一切也就跟著失衡了。所以在我看來，平衡感是要從內在去挖掘的，不能總是將眼光放在別人身上，每個人都有別人享受不到的幸福，只不過很多人沒有意識到而已。」

前段時間在閱讀中偶然看到了這樣一段話，每次想起都深有感觸：

一個人安靜而豐盛，兩個人溫暖而踏實，也許一個人的你正在羨慕兩個人的溫暖，也許兩個人的你卻在羨慕一個人的自由。20多歲的人或許在渴望40多歲人的淡泊，40多歲的人又想回到20多歲人的青春和激昂。可是生活就是這樣，無論是甜蜜還是悲傷，無論是存在缺陷，還是無可挑剔，它都已經在你手中，已經存在在你的經歷中，你無法更改也無法替代。

人生充滿了未知，而這些未知是不由我們選擇的，儘管每個人的生命旅程都有自己的不可抗力，但至少我們可以利用有限的時間提高自己生命的層次，讓自己的心平靜下來，靜觀內心的喜樂與憂傷，我們可以把美好

的部分剪輯下來，珍藏在記憶中最幸福的位置，或許這時候你就會發現，原來生活並不是我們想像中的那麼糟糕，它猶如杯中的水，需要不斷的調劑，這樣才能在飲用的時候，品出自己的味道。有句話說得好：「聞道有先後，術業有專攻。」同一件事，不同領域的人必然抱有著不同的看法，把姿態擺正，用平衡的心態去理解、去包容，耐心的給予他們尊重，同時也用心的保護好自己。

想到這裡，內心釋然了很多，安靜的點燃一炷香，獨自禮佛、誦經，將內心的真誠和大愛迴向眾生。假如人生的平衡感就在我們自己的心裡，那就讓這顆心在上天的加持下羽翼豐滿，當靈魂在美好的意境中不斷昇華，內心就會升起從獨樂樂到眾樂樂的渴望。當一個人不是走向圓滿，就是行在圓滿的路上，內心的分別心就會漸漸淡去，眼前沒有了利慾，也就沒有了爭奪，沒有了消極，也就沒有了惆悵，而剩下的只有暖暖的一顆心，慈悲、喜樂、安詳。

（2）活在當下，讓過去成為過去

曾在一本書裡看到這樣一句話：「給時間一點時間，讓過去過去，讓開始開始……」每一個開始都預示著結束，每一個現在終將會變成過去，那些快樂的、不快樂的，想珍惜的，不想再提的，都會在生命的某個瞬間，不自覺的從我們的回憶中提取出來，像播放電影一樣把我們帶回到過去。我們會笑、會哭，會再一次被感動，然後轉過身回到當下，在故夢重遊一番後，陷入沉思。

時間是公平的，誰也沒有能力讓它停滯，它會讓喧鬧歸於平靜，會讓懵懂的孩子越來越釋然，它有能力摧毀一切憂傷，也能讓一個人永遠感懷那回不到過去的過去。一個人不論經歷了怎樣的成敗，太陽昇起的那一

刻，一切就成了過去。一個人不管是哭著還是笑著，都是毫無選擇的在生命的軌道上走著，或許他們會記住一段情緒，卻回不到任何一段曾經。時間就是如此的富有神性，我們在它的看顧下成長、成熟、成為、成就。我們著眼著當下，展望著未來，對待過去越來越平和，也越來越安靜。

曾經有一個朋友，在商場上失利，投出去的錢一下子血本無歸，很多人都覺得這下他一定會垮掉了，肯定好幾個晚上都睡不著覺，但沒想到面對這樣打擊的他，顯現出了超乎尋常的樂觀。每天睡得很好，照樣去上班，照樣坐在辦公室裡處理一件一件的工作，一絲不苟、兢兢業業，下班的時候面帶微笑，跟路過的每一位公司員工打招呼。回到家也沒有任何情緒，照樣一進門開心的親親自己不到五歲的兒子，和另一半一起做上一頓溫馨的晚餐。

看到這樣的情景，我好奇的問他：「心裡就真的不難受嗎？」他聽了笑笑說：「不難受是假的，但它已經成為過去了，一個人不能總跟過去糾結吧？」

聽了這話，我內心既感動又敬佩。快樂的人不是沒有痛苦，而是不會讓自己被痛苦的事左右。這個世界上沒有過不去的事，只有過不去的心情。過去了是門，沒過去是檻，人的一生可以穿越很多的門，但沒有必要替自己無形的設定那些檻。一切不過是一種經歷，經歷了，明白了，感悟了，財富就已經到手了。快速的忘記那些沒有必要的糾結，開開心心的恢復到最佳狀態才是最聰明的選擇。

之後這位朋友，在樂觀的心境下東山再起，事業做得又風生水起，而面對這傲人的成績時，他的狀態和往常沒有什麼變化，仍然每天早起，開開心心上班，認認真真辦公，和每一位迎面走來的公司員工打招呼。仍然認真的經營自己的家，是兒子的好爸爸，伴侶的好老公。在他看來，每一

終於簡單
—— 心如明月境如水，簡簡單單好好活

天在太陽落下的時候都會成為過去，而自己最重要的就是向前看，讓自己在每一個當下都能過得開開心心，因為開心永遠是生命中不能缺少的元素。

當一段生命旅程開始的時候，過去的已經過去，未來的還未開始，過分的糾結於過去，會讓我們深陷沉淪，過分的展望於未來，會讓我們越來越不切實際。唯獨當下，你正在經歷的每一個當下，才是你真正能緊緊抓在手裡的財富。它在過去與未來的中間點，不斷的吸收曾經的經驗，也能讓你邁著最美好的步伐走向將來。

經常會看到一些人，一件事情剛做到一半，就因為突然出現的一些小插曲而驚魂不定，心裡擔心著：「啊！怎麼辦？如果中間出了問題，未來怎麼辦？」卻沒有意識到，只要專注做好當下的一切，或許自己為未來擔心的事永遠都不會出現。或許有些人會說：「怎麼會？以前我就出現過這樣的問題。」可以前真的就已經成為了一個固定公式，成為不可改變的真理了嗎？世界是無常的，是多變的，誰也沒有把握讓自己每分每秒都按照自己思想的軌跡前進，因為生命給我們更多的是考驗，這些考驗沒有預期，你也不知道什麼時候被試探，唯一能做的，就是專注於自己，專注於最能掌握好的當下，只要自己把事情做到無愧於心，它必將會用世間最美好的回報你。

生活是什麼？生活就是一個起點，接著又一個起點，每一天對於我們來說都是嶄新的，而每一天也必將毫無選擇的成為過去，假如看清了這一點，心中便不再有困惑了。明天還很遠，昨天已經過去，而今天的自己是最有資格讓自己幸福的，不再去刻意的追逐，也不再一味的去懷念，專注於當下最重要的事情，發出自己最真實的聲音：「這一天一定要精緻，因為我要幸福，也一定會幸福。」

無為：越是到極致，越是沒有自己

有些朋友曾經問我：「愛麗姐，人活到極致時是什麼樣子的？」根據我的經驗，越是站在金字塔頂端的人，越是會對托起他的同仁心存感恩，越是會把眼光著眼於大家共同的利益，越是會努力的為他人謀福，他們用最深沉的愛融化了自己，將自己的生命融進了別人的世界。這才發現人生越到極致，越是沒有自己。

（1）專橫的愛，別人接受不起

一個女孩戀愛了，她托著下巴問媽媽，究竟什麼才是愛情最美的距離。

媽媽想了想，笑著對她說：「這感情啊，就好像我們身上的一件衣服，你把它抓得太緊，會讓人熱得透不過氣來，你讓它太單薄，會讓人冷得恨不得想換一件。唯獨一個剛剛好，才真讓人覺得舒服，不管什麼時候，都捨不得把你脫下來。」

女孩若有所悟的點點頭說：「哦，原來這才是愛的智慧。」

生活中，我們很多人想去愛，也有很多人渴望愛，卻在愛真正到來的時候，開始下意識的逃避起來，主要原因就在於，這份愛接受起來並不舒服，它要麼是不符合自己的要求，要麼就是距離上出現了問題。這個世界上沒有距離，往往就是心與心之間最遠的距離，只有一切剛剛好，剛剛好讓別人能夠承受，才能保持世間最默契的關係。

那麼怎樣才能修練好這份愛的能力呢？我們不是聖人，無法一步跨向佛菩薩般的境界，但至少我們可以先學會好好愛自己，讓自己首先具備讓自己美好起來的能力。因為能量是彼此傳遞和吸引的，假如你連自己的感受和需求都不明瞭，又怎能將幸福的能量傳遞給別人呢？其實每個人都是

一樣，想融入別人的歡樂與痛苦，就先要通透的了解自己，這樣才不至於在幫助別人的時候有所迷失，時刻都能保持在剛剛好的距離。

其實人與人之間是很容易產生共鳴的，正如歌中唱的那樣：「因為路過你的路，因為苦過你的苦，所以快樂著你的快樂，追逐著你的追逐。」當你在不斷了解別人的過程中，把他當成自己去珍惜去關愛，你就會發現，原來彼此之間還有那麼多相應之處。

假如你已經深刻的了解了自己，那麼不妨再嘗試下一步的練習，要想讓對方接受自己的愛和關心，就要學會站在對方的立場上思考問題，將自己的推測和判斷放在一邊，用心的去理解和感受對方的思想和處境，因為只有真切的明白對方心中的渴望，才能給予對方最好的幫助。

可如今我們經常會碰到那種專橫式、剝奪式的關愛方法，你每天都會聽到他們蠻有道理的說：「我很愛他啊，我很關心他啊，我已經把我最好的給他了啊，為什麼他不買帳啊？」由於這顆不平衡的心難以平復，他們開始由付出者變為了索取者，不惜擺出命令的架勢要求對方按照自己的想法做事，假如對方有不同意見，就會覺得自己受到了很大的虧欠，一臉抱怨的埋怨說：「我已經把最好的都給你了，你還有什麼不滿意的？」殊不知對方在這樣的愛底下有多麼疲憊，多麼想逃離。

真正聰明的人，絕對不會讓自己愛的人感到任何的不舒服，他們時常保持中立，從來不主觀臆斷，而是在無形中讓對方欣然歡喜的接受他的引導和幫助，不斷給對方幸福的感覺，讓他們在自我成就中恢復自性，而不是強迫對方一定要活成自己的樣子，這樣才不至於「好心辦錯事，幫忙幫倒忙」。

回想一下曾經的自己吧，我們起先都是對自己有要求的，之後又開始將更多的要求傳遞給別人，直到當自己真心希望對別人投入關愛的時候，才發現一切的要求都是毫無意義的。假如一定要有什麼要求，唯一的要求

就是希望對方能夠快樂、能夠成就，能夠真正的感到幸福，而為了這個目標我們會毫無抱怨的體會他的憂傷，用心的感受他的渴望，真誠的去讚美他、去支持他，和他一起去面對問題，解決挑戰。而當他收穫成功的喜悅時，你也會如自己成功了一般喜悅。這種喜悅是本能的，是真摯的，是沒有半句虛假的。

在我看來，真正的愛不是占有，而是寬容和信任。我們都是人間的凡夫俗子，在修行的過程中輪迴往復，單單一句渴望愛是不夠的，因為愛的光環下最珍貴的不僅僅是慈悲，更多的是智慧。我們要做世間的水，溫柔、隨順卻充滿了靈性之光，它可以達到不同人期望的溫度，也可以是所有人最本能的需求，它就這樣以自然的形態融進了我們的血液，在我們的身體裡傾注了自己全部的愛。

所以放下那份偏執吧，放下那份對別人的專橫，大愛是如水般無形的，也是每一個靈魂本就具備的能力，在找到自性的同時，幫助別人找回自己。在剛剛好的時間與對方不期而遇，剛剛好的溫度，剛剛好的話語，配上剛剛好的距離和關心，相信對方一定會欣然接受，因為他明白，這裡沒有專制，你全然的愛他猶如自己。

（2）心中有光，無我，輕鬆，極樂

想得太多，情緒會低垂，在乎太多，內心會憔悴，糾結得太多，人就會情緒崩潰，有些時候大智若愚才是真的智慧，傻一點是一種徹悟，人生難得糊塗，無非是另種形式的放過自己。面對得不到的東西一笑而過，面對等不到的感情自我解脫。人生最快意的是半玩世半認真的生活狀態，無我的人往往都是裝傻的高手，心胸更開闊，也更容易找到屬於自己的快樂。

經歷了這麼多人生的曲曲折折，讓我漸漸意識到，人這輩子未必要活得

多麼聰明，讓自己適度的笨一點其實也挺好。計較過多，辛苦的還是自己，算來算去還是一筆瞎亂帳，倘若換一個角度處理事情，面對愛占便宜的人，讓他三分；喜歡被誇獎的人，就誇他兩句；逢場作戲的人，遠他幾步，自己又能有什麼損失呢？智慧的人不是看不穿而是不揭穿，不是說不出而是不想說。大智若愚的人，更懂得寬容，更注意用心的去經營手中的感情。

曾經年輕時的自己，對一切要求很高，遇到看不慣的地方就要說出來，而如今的自己，相對於曾經則自在很多，每每遇到同樣的境遇，就會在意念中提醒自己：「總有些事會是你看不慣的，那就不必看了吧。總有一些理是說不清的，那也不必過多解釋。對於信賴你的人，做任何事情都無須解釋，對於不信賴的人，也就更加無從解釋，與其這樣為什麼不能放輕鬆一點呢？」自己輕鬆了，別人也會跟著自在，氣氛一鬆緩下來，很多事情自然迎刃而解，水到渠成。

生活中之所以有那麼多的痛苦，主要原因就是我們把自己這個「我」看得太重。很多人都在有形、無形的為自己締造著受害者的身分，覺得這個世界最應展現的是那個「我」的價值，殊不知在那寬廣的宇宙世界中，小小的自己又算得了什麼呢？與其在無數的痛苦中強化這那份錯誤之我的堅持，不如放輕鬆，將這個「我」放下，盡情的去感受生活，享受其中的快樂與自在，體會那份生命中真實的幸福感。

那麼怎麼擁有這一切呢？想得到也非常簡單，從點滴小事做起，不和家人爭爭吵吵，家庭才會和睦溫馨。不與伴侶據理力爭，寸步不讓，感情才會收穫幸福。不與朋友過分計較，友誼才能地久天長。不與同事爭功搶利，職場必然一團和氣。一切都在這樣的寬容退讓中收穫了更多的恩賜。在這個世界上，計較得越多往往得到的越少，而退一步卻可以收穫一個世界的海闊天空。由此看來，快樂的生活境界實現起來其實就是這麼的簡

單，種種的痛苦和焦慮，往往是我們人自己製造出來的一個繭，自願的被各種牽牽絆絆包裹成一個團，然後在無量無邊的負面情緒下痛不欲生。

如今的世界，浮躁而充滿慾望，所有的人都在為自己的慾念而工作，在不懈的追求中邊痛邊走，最終活得一點都不像自己，地位、車、房、銀行戶頭裡的數字，心中想要的越來越多，可快樂卻越來越少了。回頭看看自己來時的路，多久沒有在自己心靈的家園中好好耕種了？多久沒有和那顆純淨純善的本我之心同頻同振了？每天一味的想去得到，卻忘記了眼前的這個世界原本就不是屬於我們的。

曾經的我們兩手空空來到這個世界上，大人給一個微笑，就能讓我們心花怒放，給一根棒棒糖，就覺得整個世界都充滿了糖果一樣甜美的幸福。而今人已成熟，那份天真無邪的快樂又去了哪裡呢？這個世界無論給了我們多少都是意外的驚喜，我們所要做的就是保持好那顆孩童般的好奇心，帶著一種冒險的精神去經歷、去感受、去欣喜、去感恩，只有這樣才能感受到自己與世界的和諧。

師父常說：「人生就是一個不斷蛻變的過程，從煩惱修到寧靜，從凡夫步入極樂，心昇華了，人也就自在了。長久的喜悅就是這麼得來的，原理很簡單，但做起來並不容易。」如今的很多人都說不出極樂是什麼，在我的眼中它就像山間清澈的泉水，不斷的去愛，不斷的付出，最終匯聚成愛的江河，將那份滋潤的甘甜傳遞到每一個角落，在人的心裡埋下喜悅的種子，不斷的昇華著幸福的能量。

當我們來時，眾人笑著，我們緊握雙手，哭著來了。當我們走時，眾人哭了，我們雙手空空，笑著離開了。假如生命僅是一遭輪迴，那它唯一能留在這世界上的，只有一份相互行善的心。將這份善良傳遞給更多的人，無我，輕鬆，極樂，安詳！

美麗啟程，追尋生命中的絕美：

從形美到心美，再到情感與信仰，追尋必尋見！只要願意努力，美麗就在前方等著你

作　　者：崔愛麗

發 行 人：黃振庭

出 版 者：崧燁文化事業有限公司

發 行 者：崧燁文化事業有限公司

E-mail：sonbookservice@gmail.com

粉 絲 頁：https://www.facebook.com/sonbookss/

網　　址：https://sonbook.net/

地　　址：台北市中正區重慶南路一段六十一號八樓 815
　　　　　室

Rm. 815, 8F., No.61, Sec. 1, Chongqing S. Rd., Zhongzheng
Dist., Taipei City 100, Taiwan

電　　話：(02)2370-3310

傳　　真：(02)2388-1990

印　　刷：京峯數位服務有限公司

律師顧問：廣華律師事務所 張珮琦律師

定　　價：299 元

發行日期：2024 年 02 月第一版

◎本書以 POD 印製

國家圖書館出版品預行編目資料

美麗啟程，追尋生命中的絕美：從
形美到心美，再到情感與信仰，追
尋必尋見！只要願意努力，美麗就
在前方等著你 / 崔愛麗 著 . -- 第一
版 . -- 臺北市：崧燁文化事業有限
公司 , 2024.02
面；　公分
POD 版
ISBN 978-626-357-973-6(平裝)
1.CST: 人生哲學 2.CST: 生活指導
191.9　　113000189

電子書購買

臉書

爽讀 APP